T0335270

Bert Bielefeld

Bauvertrag

Bert Bielefeld

Bauvertrag

BIRKHÄUSER
BASEL

Inhalt

Vorwort

Meist verfügt man als Student oder Berufsanfänger noch über wenig Projekt- oder Baustellenerfahrung. Erste Einblicke in Planungsbüros oder den Baustellenbetrieb wurden vielleicht durch Praktika gewonnen; die Beschäftigung mit Bauverträgen steht dabei aber meist nicht an erster Stelle. *Basics Bauvertrag* holt Studenten und Berufsanfänger in diesem Wissensstadium ab und erarbeitet strukturiert mit Hilfe von leicht verständlichen Einführungen und Erklärungen die Wesenszüge und Inhalte von Bauverträgen. Das Buch veranschaulicht, was einen guten Bauvertrag ausmacht: die Wahl der passenden Vertragsart, eine Abwägung von Vertragsrisiken, eine durchdachte und projektspezifische Vertragsgestaltung und schlussendlich ein funktionierendes Änderungs- und Konfliktmanagement. Das Verständnis für die Arten, Regelungen und Bestandteile eines Bauvertrags ist von der Festlegung der ersten Weichen im Projekt bis hin zur professionellen Übergabe an den Bauherren ein wesentliches Handwerkszeug des Architekten. Selbstverständlich kann hier nicht tatsächliche Berufserfahrung ersetzt werden, aber das Buch erzeugt praxisnah und strukturiert ein tiefgreifendes Verständnis, um unabhängig von vorgegebenen Vertragsmustern wie VOB/B, FIDIC o.Ä. die vertraglichen Zusammenhänge zwischen Bauherrn und Bauunternehmen verstehen zu können.

Bert Bielefeld, Herausgeber

Einleitung

Bis ein Gebäude fertig geplant und gebaut ist, werden unterschiedliche Planungs- und Bauprozesse durchlaufen. Zunächst müssen die Rahmenbedingungen des Projektes definiert werden; dann gilt es, einen für diese Rahmenbedingungen optimalen Entwurf zu entwickeln. Dieses Konzept muss unter Berücksichtigung aller Fachplanungen wie Statik und Haustechnik bis zur Genehmigungsfähigkeit weitergeplant und eine Baugenehmigung eingeholt werden. Planunterlagen als Basis für die Bauausführung und Ausschreibungen zur Festlegung der Qualitäten müssen erstellt werden. Auf dieser Grundlage werden Angebote von Bauunternehmen eingeholt, damit die Bauleistung dann an den besten Bieter vergeben werden kann.

Dies mündet in einem Bauvertrag, der zwischen dem Bauherrn und einem Bauunternehmen geschlossen wird. Dieser Bauvertrag kann sehr unterschiedliche Formen annehmen; er kann durch ein kurzes Auftragsschreiben des Bauherrn entstehen, in Form eines vorformulierten Bauvertragstexts von diesem vorgegeben oder in umfangreichen Abstimmungen zwischen den Vertragsparteien verhandelt werden.

Bei größeren Projekten schaltet der Bauherr meist Juristen ein, die den Bauvertrag formulieren und gegebenenfalls auch verhandeln. Unabhängig davon ist es notwendig und auch wesentlich, dass Architekten ihre Bauherren vor und während der Vergabe der Bauleistung beraten und sie in diesem Prozess begleiten. Die Gestaltungsspielräume liegen hierbei nicht nur in der Formulierung von Vertragstexten; vielmehr ist es wichtig, von Anfang an die richtigen Weichen für das Projekt zu stellen und die Planung, Ausschreibung und schlussendlich die Vergabe daran auszurichten. Entscheidende Fragen sind, zu welchem Zeitpunkt die Vergabe der Bauleistung erfolgen soll, ob die Bauleistungen an mehrere Gewerke oder lediglich an ein Generalunternehmen vergeben werden sollen und wie detailliert oder funktional der Bauherr das zu bauende Projekt im Bauvertrag beschrieben haben möchte. Daraus ergeben sich schon während der Planung unterschiedliche Herangehensweisen, sodass es für angehende und bereits praktizierende Architekten essenziell ist, die verschiedenen Arten und Ausgestaltungen von Bauverträgen zu kennen.

Bauverträge lassen sich in der Regel nicht anhand von Vorlagen reproduzieren, da die Projekte sich in Funktion, Art und Größe, nach der Vergabe, den wirtschaftlichen Bedingungen und vielem mehr unterscheiden. Schlussendlich müssen die Konstellationen, unter denen ein Projekt im Detail entsteht, immer wieder neu ermittelt und in einem Bauvertrag verankert werden. Ein weiterer wesentlicher Unterschied besteht darin, ob der Bauherr privat, gewerblich oder öffentlich ist, weil insbesondere öffentliche Auftraggeber strengen Regeln bei der Ausschreibung und Vergabe von Bauleistungen unterliegen.

Ein guter und projektspezifisch angemessener Bauvertrag ist eine wesentliche Voraussetzung für eine möglichst störungsfreie und eskalationsarme Bauabwicklung und somit ein Grundstein für ein erfolgreiches Projekt. Daher werden in den folgenden Kapiteln alle wesentlichen Arten, Eigenschaften und Inhalte von Bauverträgen vermittelt, die Architekten für die Abwicklung von Planungs- und Bauprojekten benötigen. Bewusst werden keine Bauvertragsmuster im Einzelnen durchgesprochen, sondern allgemeingültige Vertragsarten und Regelungsinhalte sowie deren Hintergründe und Ziele erklärt. Dies soll unabhängig von der Anwendung von Vertragsmustern wie VOB/B, FIDIC, NEC etc. ein tiefes Verständnis für die gegenseitigen Abhängigkeiten zwischen Bauherr und Bauunternehmen erzeugen.

Vertragsarten

Bauverträge lassen sich nach unterschiedlichen Schwerpunkten und Ausrichtungen kategorisieren. Zunächst müssen Bauverträge von Architekten- und Ingenieurverträgen, die sich primär auf die Planung und Bauüberwachung des Projektes beziehen, abgegrenzt werden. Bauherren benötigen unter vereinfachter juristischer Sicht Architekten und Ingenieure, um gegenüber Bauunternehmen ihre Gestaltungs- und Qualitätswünsche formulieren und definieren zu können. Da die Ergebnisse der Architektur- und Ingenieurplanung zur Basis des Bauvertrags werden, sind Architekten und Ingenieure aus der Sicht des Bauunternehmens Erfüllungsgehilfen des Bauherrn. > Abb. 1 Lässt der Bauherr die Planung vor Vergabe der Bauleistungen nicht vollständig erarbeiten, sind auch auf der Seite des Bauunternehmens Architekten und Ingenieure tätig, um die Planung bis zur Baureife fortzuschreiben.

Abgrenzung Architektenvertrag

Bauverträge unterscheiden sich insbesondere durch Leistungsumfang und Abrechnungsart. So können Bauleistungen an einzelne Handwerker vergeben werden, oder es wird nur ein einziger Vertragspartner für die gesamte Baumaßnahme gesucht. Darüber hinaus kann beispielsweise nach tatsächlichem Aufwand und tatsächlich vor Ort angefallener Menge oder aber pauschal abgerechnet werden.

EINZELVERGABE VON HANDWERKSLEISTUNGEN

Traditionell werden Bauleistungen einzeln an Handwerker wie Zimmerer, Estrichleger oder Maler vergeben. Dies resultiert daraus, dass Handwerker über viele Jahre ihren Beruf erlernen und die mit dem spezifischen Handwerk verbundenen Leistungen dann auf dem Markt anbieten. Somit stehen die Leistungen in der Struktur der handwerklichen

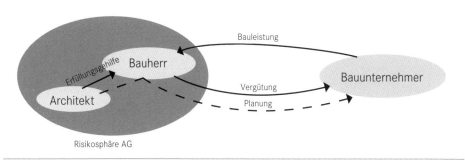

Abb. 1: Prinzip des Erfüllungsgehilfen bei Bau- und Architektenverträgen

Sparten zur Verfügung und können entsprechend vom Auftraggeber abgefragt und beauftragt werden. > Abb. 2

Fachlos/Gewerk Diese Vergabeart wird meist als Fachlos- oder Gewerkevergabe bzw. als Einzelvergabe bezeichnet. Fachlose oder Gewerke bezeichnen damit Handwerksleistungen, die sich innerhalb einer Handwerkssparte zusammenfassen lassen. In Deutschland ist die Fachlosvergabe die übliche Vorgehensweise; in vielen anderen Staaten spielen Einzelvergaben gegenüber Generalunternehmervergaben jedoch eine eher untergeordnete Rolle. Typische Gewerke sind z. B.:

- Erdarbeiten
- Bohrarbeiten
- Verbauarbeiten
- Maurerarbeiten
- Beton- und Stahlbetonarbeiten
- Stahlbau
- Landschaftsbau
- Zimmer- und Holzbau (Holzhäuser, Dachstühle etc.)
- Abdichtungsarbeiten (Abdichtung gegen Erdfeuchte, Grundwasser etc.)
- Dachdeckungs- und Dachabdichtungsarbeiten
- Fenster- und Rollladenarbeiten (Fenster, Beschläge, Verglasung etc.)
- Gerüstbau
- Putz- und Stuckarbeiten
- Trockenbau
- Fliesen-, Platten- und Werksteinarbeiten
- Estricharbeiten
- Parkettarbeiten
- Bodenbelagsarbeiten (Teppiche, Linoleum etc.)
- Tischlerarbeiten (Möbel, Holztüren etc.)
- Metall- und Schlosserbauarbeiten (Treppen, Metalltüren etc.)
- Maler- und Lackierarbeiten
- Lüftungs- und Klimaanlagenbau
- Heizungs-, Gas- und Sanitärinstallationen
- Elektroarbeiten
- Blitzschutzarbeiten
- Aufzugsanlagen und Fördertechnik

Anzahl der Vertragspartner Bei einer reinen Fachlosvergabe werden in der Regel zwischen 20 und 30 einzelne Bauunternehmen benötigt, um ein komplettes Gebäude fertigzustellen. Dies erfordert entsprechend viele Vergabeverfahren und auch Bauverträge. Innerhalb eines Projektes sind diese Bauverträge strukturell ähnlich; dennoch müssen individuell für jedes Fachlos spezifische Vertragsbedingungen und Vertragsbestandteile erstellt und vereinbart werden.

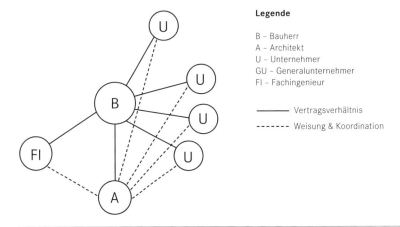

Abb. 2: Prinzip der Fachlosvergabe

Bauherr und Architekt müssen daher über eine hohe Fach- und vor allem auch Koordinationskompetenz verfügen, da die bauherrenseitige Objektüberwachung für die Abstimmung zwischen den einzelnen Beteiligten zuständig ist. Sie übernimmt daher auch das Risiko der Koordination und kann die Verantwortung etwa für Bauzeitüberschreitungen nur dann an die Bauunternehmen übertragen, wenn Verzögerungen direkt aus den internen Abläufen eines Gewerks resultieren. Die Fachlosvergabe ist somit auch ein zeitlich nicht zu unterschätzender Aufwand.

Positiv wirkt sich jedoch aus, dass sich der Bauherr im Gegensatz zur Generalunternehmervergabe jeden einzelnen Handwerker selbst aussuchen kann. Er kann danach entscheiden, welcher Handwerker die Leistung kostengünstig, termingerecht, mit hoher Qualität und hoher Servicebereitschaft ausführen wird. Ein weiterer Vorteil besteht darin, dass der Bauherr über seinen Architekten den Prozess und auch die Ausführungsqualitäten deutlich besser steuern und notfalls anpassen kann. Er hat somit viel mehr Gestaltungs- und Entscheidungsmöglichkeiten als bei der Generalunternehmervergabe.

Um die Anzahl der zu beauftragenden Unternehmen einzugrenzen, sind Paketvergaben möglich. Hierbei werden mehrere Gewerke in einer Vergabeeinheit zusammengefasst.

Vor- und Nachteile

Paketvergabe

○

> ○ **Hinweis:** Unter einer Vergabeeinheit versteht man alle Leistungen, die in einem Bauvertrag an einen Vertragspartner übergeben werden. Dies kann also einzelne oder mehrere Fachlose bzw. Gewerke oder die komplette Bauleistung umfassen.

Dies hat den Vorteil, dass der Bauherr weniger Vergaben durchführen muss; gleichzeitig ist es oft sinnvoll, kritische Koordinierungsschnitt-
● stellen zwischen Fachlosen in eine einzige Vergabeeinheit zu integrieren. Voraussetzung für eine Paketvergabe ist allerdings, dass genügend Anbieter auf dem Markt das jeweilige Paket abdecken und somit anbieten können. Man sollte daher keine völlig ungewöhnlichen Pakete aus fachfremden Gebieten bilden.

GENERALUNTERNEHMERVERGABE

Die Generalunternehmervergabe ist die übliche Alternative zur Fachlosvergabe. Hierbei wird in der Regel die komplette zur Erstellung eines fertigen Gebäudes notwendige Bauleistung einem einzelnen Bauunternehmen übertragen. Das Generalunternehmen (GU) ist somit zentraler Ansprechpartner für alle Bauleistungen.

Nach- bzw. Subunternehmer

Dieses Generalunternehmen muss dann Leistungen, die es selbst nicht ausführen kann, an weitere Bauunternehmen bzw. Handwerker unterbeauftragen. Diese untergeordneten Beteiligten werden als Nach-

○ Vergabezeitpunkt

unternehmer oder Subunternehmer bezeichnet.

Eine Fachlosvergabe erfolgt in der Regel erst, wenn der Architekt die Planung bis zur Baureife fortgeschrieben hat, sodass die Handwerker die Bauzeichnungen direkt umsetzen können. Die Generalunternehmervergabe kann hingegen zu unterschiedlichsten Zeitpunkten stattfinden. Hat der Architekt die Planung bis zur gleichen Planungstiefe fortgeschrieben wie bei der Fachlosvergabe, so erfolgt die Vergabe an ein Generalunternehmen meist nur mit der eigentlichen Bauleistung – die Vergabe ist somit eine Paketvergabe mit nur einem Paket.

Einbeziehung von Planungsleistungen

Wird die Vergabe jedoch bereits im Planungsprozess vorgenommen, so muss das Generalunternehmen in der Regel noch Planungsleistungen übernehmen, um die Planung bis zur Baureife fortzuschreiben. Die Vergabe kann z. B. zu folgenden Projektfortschritten erfolgen: > Abb. 3

- — Fertiggestellte Ausführungsplanung → reine Bauausführung durch den GU > Abb. 4
- — Vorliegende Genehmigung mit Leitdetails → Bauausführung + Fachingenieure durch den GU > Abb. 5

● **Beispiel:** Maurer und Stahlbetonbauer werden in der Regel im Gewerk Rohbau als Paket zusammengefasst. Gegebenenfalls werden weitere Fachlose wie Erdarbeiten, Gerüst- oder Abdichtungsarbeiten ergänzt.

○ **Hinweis:** Es ist mittlerweile weit verbreitet, dass Generalunternehmen selbst keine operativen Bauleistungen mehr durchführen, also keine eigenen Bauarbeiter mehr beschäftigen, sondern alle Leistungen an Nachunternehmer weitergeben. Diese Struktur wird teilweise als „Generalübernehmer" bezeichnet.

- Vorliegender Entwurf → Bauausführung + Fortschreibung Planung
  + Fachingenieure durch den GU
- Kein Entwurf → Bauausführung + Architektur + Fachingenieure
  durch den GU > Abb. 6

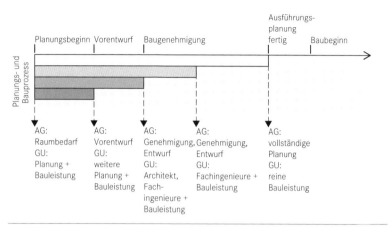

Abb. 3: Zusammenhang von Planung und Vergabezeitpunkt bei der GU-Vergabe

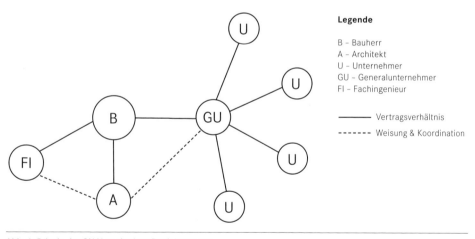

Abb. 4: Prinzip der GU-Vergabe (nur Bauleistungen)

O **Hinweis:** Wenn der Bauherr selbst keine Planungsleistungen mehr über einen eigenen Architekten
beauftragt, sondern das komplette Paket über ein
Generalunternehmen abwickelt, so spricht man auch
von einem Totalunternehmer bzw. Totalübernehmer.

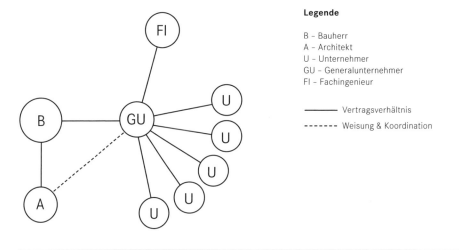

Legende

B – Bauherr
A – Architekt
U – Unternehmer
GU – Generalunternehmer
FI – Fachingenieur

——— Vertragsverhältnis
- - - - - - Weisung & Koordination

Abb. 5: Prinzip der GU-Vergabe (inkl. Fachplanung)

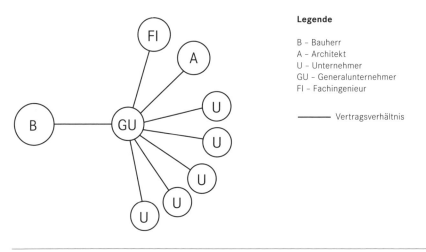

Legende

B – Bauherr
A – Architekt
U – Unternehmer
GU – Generalunternehmer
FI – Fachingenieur

——— Vertragsverhältnis

Abb. 6: Prinzip der GU-Vergabe (inkl. Entwurf und Fachplanung)

Übernahme
weiterer Leistungen

Darüber hinaus sind mittlerweile Verträge vorzufinden, die weit über die eigentliche Planungs- und Bauphase hinausgehende Leistungen umfassen. Dies kann einerseits die Finanzierung von Projekten beinhalten, sodass Generalunternehmen Konsortien mit Banken eingehen und somit eine weitere Organisationsaufgabe des Bauherrn übernehmen. Andererseits können auch Betreiber- oder Inbetriebnahmeaufgaben einbezogen werden, bei denen das Generalunternehmen dauerhaft oder für eine definierte Übergangsphase den Betrieb aufnimmt, einreguliert und dann das erprobte Projekt an den Auftraggeber übergibt. Solche Konstellationen werden oft bei Infrastrukturprojekten und im Anlagenbau (bei Klärwerken, Kraftwerken oder ähnlichem) gewählt, um die Fachkenntnis des Generalunternehmens in den Betrieb übergehen zu lassen.

Soll das Generalunternehmen dauerhaft oder zumindest über einen längeren Zeitraum am Projekt beteiligt sein, so werden meist gemeinsame Gesellschaftsstrukturen geschaffen, in denen Bauherr und Generalunternehmen zusammen tätig werden. Ein typisches Beispiel, das von öffentlichen Auftraggebern genutzt wird, ist die öffentlich-private Partnerschaft (ÖPP) bzw. Public-Private-Partnership (PPP). Hierbei gibt es verschiedene Modelle, die sich in den Regelungen der Eigentumsverhältnisse, des Nutzungsentgelts und des Verwertungsrisikos unterscheiden:

— PPP Inhabermodell: öffentliche Hand ist durchgängig Besitzer, GU baut und schließt einen Nutzungsvertrag mit der öffentlichen Hand
— PPP Erwerbermodell: Bau und Betrieb durch den GU auf eigenem Grundstück, Überlassung an die öffentliche Hand mit einem Mietkaufmodell
— PPP Vermietungsmodell: GU plant und baut auf eigenem Grundstück, vermietet an öffentliche Hand und behält das Objekt nach Ablauf der Mietzeit
— PPP Leasingmodell: wie zuvor, jedoch ist die Übernahme des Objekts nach Ablauf der Mietzeit vorgesehen
— PPP Konzessionsmodell: Der GU erhält die Möglichkeit, Gebühren für den Betrieb und den Bau zu erheben (z. B. bei privaten Autobahnbetreibern)
— PPP Contracting Modell: GU übernimmt den Einbau und die Optimierung technischer Anlagen im Gebäude des Besitzers und kann im Rahmen eines im Voraus verhandelten festen Entgelts für die Bereitstellung hieraus Kapital ziehen
— PPP Gesellschaftsmodell: GU und Auftraggeber schließen sich in einer Projektgesellschaft zusammen und regeln über Gesellschaftsverträge die gemeinsame Projekterstellung und -unterhaltung

Eine weitere Variante der Übernahme umfassender Leistungen durch einen Auftragnehmer ist der Bauträgervertrag. Hierbei kauft der Bauherr ein komplettes Haus (meist inkl. Grundstück), das noch errichtet werden muss. Der Bauherr hat somit den Vorteil, sich mit der eigentlichen Planungs- und Bauphase nicht beschäftigen zu müssen und ein „fertiges" Haus zu einem Festpreis kaufen zu können. Im Unterschied zum Erwerb einer bestehenden Immobilie kann er jedoch noch Einfluss auf den Bauentwurf und die Ausführungsqualitäten nehmen.

ABRECHNUNGSVERTRAG

Unabhängig vom Umfang der an ein Bauunternehmen übertragenen Leistungen unterscheiden sich Verträge nach der Art der Abrechnung und Vergütung. Beim Abrechnungsvertrag oder auch Einheitspreisvertrag werden während der Ausschreibung die Mengen ermittelt, die aller Voraussicht nach zur Ausführung kommen werden. Diese Mengen werden dann mit Angebotsabfrage dem Bauunternehmen im Leistungsverzeichnis übergeben, sodass der Kalkulator das Volumen der anzubietenden Leistung abschätzen kann. > Abb. 7 Diese Mengen (auch als Vordersätze bezeichnet) werden nicht Vergütungsbasis, da im Zuge der Bauausführung die tatsächlich angefallenen Mengen nachgehalten werden und dann nach tatsächlichem Aufwand abgerechnet wird. Als Vertragsbasis gelten daher nur die vereinbarten Einheitspreise.

○ Mengenrisiko beim Bauherrn

Durch die Abrechnung der tatsächlichen Ist-Menge trägt der Bauherr das Mengenrisiko. Sofern sich die Menge ändert, hat er gegebenenfalls entstehende Mehrkosten zu übernehmen, während sich bei geringeren Mengen Minderkosten für ihn ergeben. Dem Bauunternehmen werden grundsätzlich alle für das Bauvorhaben notwendigen und von ihm hierfür erbrachten Mengen der vertraglichen Leistung vergütet, auch wenn die Vordersätze zum Zeitpunkt der Ausschreibung nicht zutreffend waren.

● Rechnungsprüfung

Möchte das Bauunternehmen eine Vergütung seiner Leistung während oder nach Abschluss der Arbeiten erwirken, so muss es in Rechnungen die tatsächlich erbrachten Mengen anhand von Aufmaßen, Plänen etc. nachweisen. Diese Aufmaße werden vom bauleitenden Architekten geprüft und ergeben die Rechnungssumme, die dann vom Bauherrn vergütet wird.

○ **Hinweis:** Als Einheitspreis wird die Vergütung bezeichnet, die für ein Stück, einen Quadratmeter, einen Meter etc. vom Bauunternehmen angeboten werden. Die tatsächlich angefallene Menge wird dann mit dem Einheitspreis multipliziert und ergibt die Abrechnungssumme.

● **Beispiel:** Mengenabweichungen können durch Ermittlungsfehler während der Planung oder durch unvorhergesehene Ereignisse auf der Baustelle entstehen. Wurde beispielsweise während der Planung aufgrund von Bodenuntersuchungen abgeschätzt, wieviel Aushub lockerer Boden und wieviel Aushub Fels sein wird, so können die tatsächlichen Mengen dann deutlich abweichen.

2. Innenausbau
  2.1 Trockenbauarbeiten
    2.1.4 Gipskartonwände, 125 mm   Menge   Einheitspreis   Gesamtpreis
    Gipskartonwand, Metallständerwand aus Alu-C-Profilen,
    doppelseitig beplankt (je 2 × 12,5 mm GK-Platte), 60 mm
    Zwischenraum mit Mineralwolle gefüllt, verspachtelt und
    geschliffen (Q3)
    Höhe: 2,85 m
    Produktbezeichnung: XXX (o. gleichwertig)
    falls abweichend, angebotenes Fabrikat:

    _____   82 m²   _____   _____

Beispiel-LV Ausschreibung

---

2. Innenausbau
  2.1 Trockenbauarbeiten
    2.1.4 Gipskartonwände, 125 mm   Menge   Einheitspreis   Gesamtpreis
    Gipskartonwand, Metallständerwand aus Alu-C-Profilen,
    doppelseitig beplankt (je 2 × 12,5 mm GK-Platte), 60 mm
    Zwischenraum mit Mineralwolle gefüllt, verspachtelt und
    geschliffen (Q3)
    Höhe: 2,85 m
    Produktbezeichnung: XXX (o. gleichwertig)
    falls abweichend, angebotenes Fabrikat:

    _____   82 m²   45,00 €   3690,00 €

Beispiel-LV Angebot

---

1. Rohbau

2. Innenausbau
  2.1 Trockenbauarbeiten
    2.1.4 Gipskartonwände, 125 mm   ausgeführte   Einheitspreis   Gesamtpreis
                                       Menge

         86 m²   45,00 €   3870,00 €

  3. Installation

Beispiel-LV Rechnung (ohne Langtext)

Abb. 7: Beispiel einer Leistungsposition in der Angebots- und Abrechnungsphase

PAUSCHALVERTRAG

Im Gegensatz dazu trägt beim Pauschalvertrag das Bauunternehmen das Mengenrisiko, unabhängig davon, ob die Leistung detailliert oder eher funktional beschrieben wird. > Kap. Vertragsbestandteile, Leistungsbeschreibung Der Bauherr zahlt eine pauschale Vergütung und reduziert damit sein Risiko; bei Mindermengen profitiert er dafür nicht von den reduzierten Kosten.

Pauschalierung der Mengen Es ist jedoch klarzustellen, dass lediglich die Mengen und somit deren Vergütung pauschaliert werden. Die Leistung wird nicht pauschaliert, sodass Abweichungen vom vereinbarten Bausoll unabhängig von der Vertragsart zu vergüten sind. Leistungen lassen sich nur globaler übertragen, indem sie auch im Sinne eines Werkerfolgs entsprechend funktional beschrieben werden.

Man unterscheidet bei Pauschalverträgen je nach Art der Leistungsbeschreibung:

– Detailpauschalverträge
– Globalpauschalverträge

Detailpauschalverträge Detailpauschalverträge unterscheiden sich im Grunde nicht wesentlich von Abrechnungsverträgen. Bei beiden Vertragsarten werden die Leistungen detailliert beschrieben (in der Regel in Form von Leistungsverzeichnissen). Bei Detailpauschalverträgen werden jedoch die Mengenansätze nicht berücksichtigt. Werden sie ermittelt, dienen sie lediglich als Information im Vergabeverfahren. Vertraglich vereinbart wird bei einem Detailpauschalvertrag die Gesamtsumme als Pauschale, nicht der Einheitspreis. > Abb. 8

Globalpauschalverträge Dem Globalpauschalvertrag liegt in der Regel eine funktionale Beschreibung des Bausolls zugrunde. Es werden somit eher Ziele und Qualitätsanforderungen des Bauherrn beschrieben, ohne eine exakte Vorgabe, wie sie genau baulich und technisch umgesetzt werden sollen. > Kap. Vertragsbestandteile, Leistungsbeschreibung Je später der Vergabezeitpunkt im Planungsprozess, > Abb. 3 desto stärker nimmt der Umfang im Detail durch Planunterlagen und weitere Beschreibungen zu. Durch die globale Beschreibung werden neben dem Mengenrisiko auch mehr Risiken des Bausolls an das Bauunternehmen übergeben. Meist ist es aber schwierig, die Zuordnung der einzelnen Vergütungssummen zu konkreten Leistungen nachzuvollziehen, da auf Angebotsseite die Leistungen nur mit einem oder wenigen Pauschalpreisen angeboten werden. Dies erschwert die Prüfung von Nachträgen bei Leistungsänderungen und die Bezifferung des Leistungsstands im Rahmen von Abrechnungen.

Abrechnung von Pauschalverträgen Grundsätzlich werden Leistungen nur im Rahmen des bereits erbrachten Umfangs vom Bauherrn vergütet, damit Bauunternehmen nicht überzahlt werden. Somit ist es für den bauleitenden Architekten auch bei Pauschalverträgen wichtig, den tatsächlichen Leistungsstand zu erfassen. Können Rechnungen im Rahmen von Detailpauschalverträgen

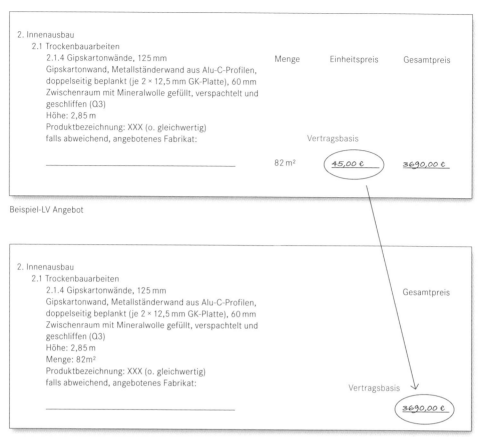

2. Innenausbau
  2.1 Trockenbauarbeiten
    2.1.4 Gipskartonwände, 125 mm   Menge   Einheitspreis   Gesamtpreis
    Gipskartonwand, Metallständerwand aus Alu-C-Profilen,
    doppelseitig beplankt (je 2 × 12,5 mm GK-Platte), 60 mm
    Zwischenraum mit Mineralwolle gefüllt, verspachtelt und
    geschliffen (Q3)
    Höhe: 2,85 m
    Produktbezeichnung: XXX (o. gleichwertig)
    falls abweichend, angebotenes Fabrikat: Vertragsbasis

                         82 m²   *45,00 €*   *3690,00 €*

Beispiel-LV Angebot

2. Innenausbau
  2.1 Trockenbauarbeiten
    2.1.4 Gipskartonwände, 125 mm   Gesamtpreis
    Gipskartonwand, Metallständerwand aus Alu-C-Profilen,
    doppelseitig beplankt (je 2 × 12,5 mm GK-Platte), 60 mm
    Zwischenraum mit Mineralwolle gefüllt, verspachtelt und
    geschliffen (Q3)
    Höhe: 2,85 m
    Menge: 82 m²
    Produktbezeichnung: XXX (o. gleichwertig)
    falls abweichend, angebotenes Fabrikat: Vertragsbasis

                                         3690,00 €

Beispiel-LV Pauschalvertrag

Abb. 8: Pauschalierung eines Leistungsverzeichnisses

aufgrund der aufgesplitteten Preise noch recht gut geprüft werden, so ist dies bei Globalpauschalverträgen schwieriger, da die Zuordnung der übergeordneten Pauschalpreise zu den Leistungen schwierig ist. Dies kann anhand von Urkalkulationen und im Angebot offengelegten Teilpauschalen erfolgen, oder es werden Bürgschaften durch das Bauunternehmen hinterlegt, die im Fall von Überzahlung die Differenzen dem Bauherrn ausgleichen, sodass auch unabhängig vom Bautenstand ausgezahlt werden kann.

    Zur Vereinfachung der Abrechnung von Globalpauschalverträgen werden oftmals Zahlungspläne vereinbart, die anhand der Terminplanung und der hinterlegten Kalkulation zusammengefasste Vergütungspakete erfassen. Diese Pakete werden dann in einem Zahlungsplan vertraglich vereinbart.   *Zahlungspläne*

ALTERNATIVE VERTRAGSARTEN

Neben Abrechnungs- und Pauschalverträgen gibt es eine Bandbreite weiterer Vertragsarten, die jedoch eher untergeordnete Marktanteile besitzen und teilweise auch auf den Grundprinzipien der beiden benannten Vertragsarten beruhen. Beispielhaft werden im Folgenden drei Varianten dargestellt.

Stundenlohnvertrag Beim Stundenlohnvertrag werden angefallene Arbeitsstunden vergütet. Er eignet sich insbesondere für kleine Maßnahmen und Arbeiten, die z. B. bei der Instandsetzung im Bestand nur bedingt beschreib- und kalkulierbar und vor allem durch Arbeitsleistungen geprägt sind. Gegebenenfalls anfallende Material- und Gerätekosten werden dabei separat vergütet.

Open book Als „Open book" wird eine Vereinbarung bezeichnet, in der die Kalkulation des Unternehmers für beide Vertragspartner offengelegt wird. Das Bauunternehmen weist die jeweiligen Kosten zu den Einzelleistungen in der Kalkulation aus und legt ebenso seine Zuschläge für die Baustellengemeinkosten, die allgemeinen Geschäftskosten und den Gewinn offen. Auf dieser Basis können Vertragsanpassungen bzw. Nachträge einfach aufgestellt und geprüft werden. Dieses Verfahren ist insbesondere bei Projekten sinnvoll, bei denen das Bausoll nur bedingt abschließend zu beschreiben ist.

Garantierter Maximalpreis Der garantierte Maximalpreis (GMP) ist ein Pauschalpreisvertrag, in den ein Anreizsystem implementiert wird. Das Bauunternehmen garantiert einen Pauschalpreis (den Maximalpreis), wird jedoch angehalten, die Kosten zu senken. Die Differenz wird dann zu vertraglich vereinbarten Teilen zwischen Bauherr und Bauunternehmen aufgeteilt, sodass eine Win-win-Situation entsteht.

Bauvertragliche Regelungen

Abstrahiert besteht ein Bauvertrag aus zwei Komponenten, die jeweils vom Bauherrn und vom Bauunternehmen gestellt werden. Der Bauherr steuert die Beschreibung aller notwendigen Leistungen und der Rahmenbedingungen der Bau- und Vertragsabwicklung bei. Dies wird auch als Bausoll oder Leistungssoll bezeichnet. Das Bauunternehmen wiederum steuert sein Angebot bei, in dem die vom Bauherrn gewünschte Leistung mit Angebotspreisen hinterlegt wird. Dies wird auch als Vergütungssoll bezeichnet. Beide Komponenten – Leistung und Vergütung – sind elementare Bestandteile jedes Bauvertrags. > Abb. 9

Bausoll – Vergütungssoll

Darüber hinaus müssen für jedes Vertragsverhältnis zwischen Bauherrn und Bauunternehmen gewisse Regelungen zur Abwicklung des Bauvertrags getroffen werden. Diese „Spielregeln" umfassen zum einen die allgemeinen Rechte und Pflichten der Vertragsparteien, zum anderen müssen die Rahmenbedingungen und Abläufe der Durchführung klargestellt werden. In diesem Kapitel werden daher die wesentlichen Regelungsinhalte besprochen, die in einem Bauvertrag vereinbart werden.

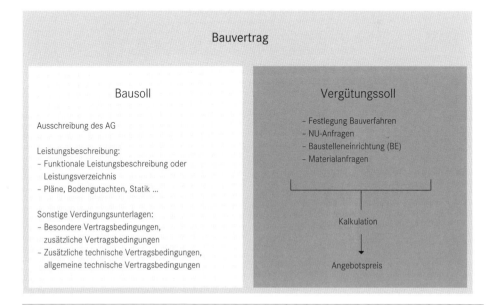

Abb. 9: Bausoll – Vergütungssoll

RECHTE UND PFLICHTEN DER VERTRAGSPARTEIEN

Jede Vertragspartei hat Rechte und Pflichten, die zur erfolgreichen Umsetzung eines Bauvorhabens notwendig sind. Elementare Pflichten bestehen beim Bauunternehmen darin, dass es die Bauleistung erbringen muss, und beim Bauherrn darin, dass er die Leistung abnehmen und bezahlen muss. > Tab. 1

Dazu kommen Nebenpflichten wie Mitwirkungs-, Auskunfts- und Schadensbegrenzungspflichten, die ein zielgerichtetes Zusammenspiel beider Vertragsparteien ermöglichen. Mitwirkungspflichten auf der Seite des Bauherrn bestehen z. B. darin, dass er dem Bauunternehmen die Planung und das Baufeld zur Verfügung stellen muss.

Das Bauunternehmen hat ebenfalls Mitwirkungspflichten, die sich zum Beispiel daraus ergeben können, dass Informationen und Auskünfte zur Leistung oder zu eingebauten Produkten an den Bauherrn übergeben werden müssen. Ebenso ist das Bauunternehmen verpflichtet, im Fall von Störungen schadensmindernd mitzuwirken, um Verzögerungen so gering wie möglich zu halten.

In der Regel erhält der Bauherr über den Bauvertrag Anweisungsrechte, durch die er notwendige Anpassungen am Bausoll vornehmen kann. Da nicht immer alle Eventualitäten vorauszusehen sind, die während der Bauausführung auftreten können, sind Anweisungsrechte notwendig, um ein Projekt zum Erfolg führen zu können.

Seitenrandbeschriftung: Mitwirkungs- und Auskunftspflichten

Seitenrandbeschriftung: Anweisungsrechte

Tab. 1: Wesentliche Rechte und Pflichten der Vertragsparteien

	Rechte	Pflichten
Auftraggeber (Bauherr)	— Anweisungsrecht — Allgemeines Kündigungsrecht	— Vergütungspflicht — Abnahmepflicht — Bereitstellung Planung und Baufeld (Mitwirkungspflicht) — Schadensbegrenzungspflicht
Auftragnehmer (Bauunternehmen)	— Kündigungsrecht bei wichtigem Grund	— Leistungspflicht (Erbringung der vereinbarten Bauleistung) — Auskunfts- und Informationspflicht — Nachweispflicht zur Güte der Leistung — Schadensbegrenzungspflicht

● **Beispiel:** Beauftragt ein Bauherr einen Maler, so muss er dem Maler die zu streichenden Oberflächen bereitstellen, auch wenn sich der Bauherr dazu selbstverständlich anderer, etwa der Gewerke Rohbau, Putz oder Trockenbau bedient.

● **Beispiel:** Werden auf Basis eines Bodengutachtens die Erdarbeiten zur Herstellung einer Baugrube vergeben, so können während des Aushubs unerwartete Ereignisse wie Hindernisse im Boden, Kontaminationen, andere Bodenarten, plötzlich auftretendes Schichtenwasser etc. eintreten. Damit die Baustelle entsprechend weitergeführt werden kann, muss der Bauherr dann die notwendigen Leistungen außerhalb des bisher vereinbarten Bausolls anweisen können.

Grundsätzlich ist es wichtig, dass das Bauunternehmen diese notwendigen Leistungen dann auch ausführen muss. Dies hat jedoch in der Regel vertragliche Grenzen. Nutzt der Bauherr seine Anweisungsrechte in einem Maße aus, das nichts mehr mit der Erfüllung des Werkerfolgs (mangelfreies Gebäude gemäß Bauvertrag) zu tun hat, so muss dem Bauunternehmen ein Leistungsverweigerungsrecht zustehen.

○
Kündigungsrechte

Verweigert eine Vertragspartei ihre vertragliche Pflicht oder kommt dieser auch nach Ermahnung nicht nach, so steht der anderen Vertragspartei in der Regel ein Kündigungsrecht zu. Zahlt der Bauherr trotz Rechnungsstellung und Mahnung bei berechtigter Forderung nicht, so kann das Bauunternehmen die Leistung einstellen und gegebenenfalls den Vertrag kündigen. Im Gegenzug kann der Bauherr den Vertrag kündigen, wenn das Bauunternehmen trotz Fristsetzung seine Leistungen nicht erbringt bzw. mangelhafte Leistungen nicht in Ordnung bringt. Vielfach steht dem Bauherrn auch ein einseitiges Kündigungsrecht ohne Fehlverhalten des Bauunternehmens zu, damit er z. B. aus einem Projekt aussteigen kann, das er nicht zu Ende bauen kann. Meist entbindet ihn dies aber nicht von der Zahlung einer Teilvergütung für die nicht erbrachte Leistung. Die genauen Kündigungsrechte und -auswirkungen werden in der Regel vertraglich festgeschrieben.

TERMINE

Weitere wichtige Bestandteile jedes Bauvertrags sind Termine und Fristen. Als Termine werden in der Regel Datumsangaben, als Fristen Zeiträume bezeichnet, in denen z. B. eine bestimmte Arbeit erledigt werden muss. In einen Vertrag können Ausführungstermine/-fristen des Bauunternehmens, aber auch Planübergabe-, Freigabe- oder Zahlungsfristen aufgenommen werden. Generell ist zu unterscheiden, ob Termine und Fristen lediglich der Information dienen (etwa durch einen der Ausschreibung beigelegten Terminplan) oder ob sie vertraglich wirksam festgeschrieben wurden (sogenannte Vertragstermine). Unverbindliche Ausführungstermine sollen das Bauunternehmen während der Angebotsphase in die Lage versetzen, den Koordinierungs- und Abstimmungsaufwand abzuschätzen. So wird oftmals ein aktueller Terminplan beigelegt; die

○ **Hinweis:** Die Anweisungs-, Leistungs- und Verweigerungsrechte sind in der Regel gesetzlich oder über jeweilige Standard-Vertragsmuster wie die VOB/B, FIDIC oder NEC geregelt. Falls dies nicht durch Bezugnahme auf ein ausgewogenes Regelwerk geschieht, sollten die Grenzen zwischen Leistungspflicht nach berechtigter Anweisung und Verweigerungsrecht nach unberechtigter Anweisung klar geregelt werden.

eigentlichen Ausführungstermine werden als Vertragstermine dann aber in der Vertragsverhandlung festgelegt.

Vertragstermine Vertragstermine sind grundsätzlich für den Adressaten verbindlich. So können fixe Planübergabetermine oder Bereitstellungstermine der Baustelle für den Bauherrn verpflichtend sein, oder das Bauunternehmen muss bis zu einem spezifischen Datum seine Leistung abschließen. Vertragstermine können als Start-, Zwischen- oder Endtermine vereinbart werden. Bei Zwischenterminen ist es ratsam, die geforderte Leistung jeweils genau zu definieren, damit das Einhalten eines Zwischentermins
● bewertet werden kann. > Abb. 10

Vertragsstrafen Teilweise werden vertraglich verbindliche Termine auch mit Vertragsstrafen hinterlegt, falls diese nicht eingehalten werden. Dies soll den Druck auf den Vertragspartner erhöhen, der im Fall einer Verzögerung finanzielle Nachteile erwarten muss. Vertragsstrafen dürfen allerdings nicht dazu genutzt werden, den Vertragspartner um seine gerechte und angemessene Vergütung zu bringen. Daher werden sie in der Regel auf
○ maximal 5 % des Gesamtvolumens begrenzt.

Arbeitsvorbereitung Jedem Bauunternehmen muss nach Vertragsschluss ein gewisser Zeitraum eingeräumt werden, um seine Arbeitsvorbereitungen durchzuführen. Das Bauunternehmen muss in der Regel Material bestellen und auf die Baustelle liefern lassen, es muss seine Mitarbeiter und Maschinen disponieren und gegebenenfalls Baustelleinrichtungen und Kräne aufbauen. Hierzu sollten mindestens zwei Wochen zwischen Bauvertragsschluss und Baubeginn eingeplant werden, solange das Bauunternehmen entsprechende Kapazitäten frei hat. Bei Materialbestellungen oder Vorfertigung außerhalb der Baustelle können sich diese Zeiträume deutlich verlängern.

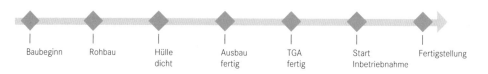

| Baubeginn | Rohbau | Hülle dicht | Ausbau fertig | TGA fertig | Start Inbetriebnahme | Fertigstellung |

Abb. 10: Typische Vertragstermine

● **Beispiel:** Ist ein Zwischentermin „Fertigstellung Heizung" im Vertrag fixiert, so ist nicht klar, ob die Heizungsanlage lediglich eingebaut, voll funktionsfähig oder sogar in Betrieb sein soll. Auch der für den Beginn des Innenausbaus wichtige Meilenstein „Hülle dicht" sagt nicht, ob z. B. alle Fenster und Türen eingebaut sein müssen oder nur die Absperrung z. B. mit Bretterwänden und Bautüren erfolgt sein muss.

○ **Hinweis:** Vertragsstrafen werden oftmals auch als Pönalen bezeichnet. Sie dürfen nur verhängt werden, wenn die Verzögerung eindeutig in der Risikosphäre des Vertragspartners liegt. Gerade bei Einzelvergaben an viele Handwerker ist dieser Nachweis aber aufgrund der gegenseitigen Abhängigkeiten oftmals schwer zu führen. Daher sind Vertragsstrafen nicht immer praktisch umsetzbar.

In der Regel werden im Bauvertrag auch die Ausführungstermine bzw. -fristen vereinbart. Neben dem Gesamtzeitraum der Ausführung werden zusätzlich oft Zwischenfristen vereinbart. Dies ist insbesondere dann zu empfehlen, wenn zeitlich kritische Schnittstellen zu weiteren Gewerken bestehen. Jedoch sollten nicht zu viele Zwischenfristen vereinbart werden, da ansonsten eine flexible Koordination der Arbeiten erschwert wird.

Ausführungstermine/ -fristen

Zur Vereinbarung von Ausführungsterminen gehört auch die Berücksichtigung von Mitwirkungspflichten wie etwa:

■
Mitwirkung bei der Termineinhaltung

— Bereitstellungszeitpunkt des Baufelds/der Baustelle
— Übergabezeitpunkt von Planunterlagen durch den Bauherrn/ Architekten
— Übergabezeitpunkt von Planunterlagen durch das Bauunternehmen an den Bauherrn zur Prüfung und Freigabe
— Übergabe von Dokumentationen und Unterlagen zu den Baustoffen und Konstruktionen
— Abläufe zur Sichtung und Prüfung von übergebenen Unterlagen
— Abläufe zur Bemusterung von Materialien und Oberflächen
— Bereithalten von Personal oder Material
— Koordinierung und Mitwirkung bei der Koordination der Arbeiten

Entsprechend präzise Regelungen zu solchen Punkten werden insbesondere bei größeren Bauvorhaben getroffen, um Regelabläufe zu schaffen und Störungen vorzubeugen.

Störungen sind im Bauprozess nicht ungewöhnlich, daher ist es sinnvoll, im Bauvertrag Mechanismen zu verankern, wie mit ihnen umgegangen werden soll. Grundsätzlich ist das Bauunternehmen verpflichtet, schadensmindernd mitzuwirken, um die Auswirkung einer Störung möglichst gering zu halten.

Umgang mit Störungen

Störungen im Bauprozess können beispielsweise sein:

— Unerwartete klimatische Bedingungen wie Kälteeinbruch, Frost, Dauerregen etc.
— Höhere Gewalt wie Überschwemmung, Erdbeben etc.
— Mangelnde Mitwirkung des Bauherrn

■ **Tipp:** In der Regel ist es sinnvoller, Ausführungstermine über Fristen zu vereinbaren und den voraussichtlichen Arbeitsbeginn festzuhalten, da die vereinbarten Fristen bei Störungen und Änderungen im Bauablauf eher ihre Gültigkeit behalten als starre Terminangaben, aus denen sich bei Verschiebungen nur indirekt neue Termine errechnen lassen.

- Verzögerungen von Vorgewerken
- Kein freies Baufeld durch Materialien anderer Gewerke, Müll etc.
- Von der Planung abweichende Zustände auf der Baustelle, z. B. bei geometrischen Abweichungen zur Planung
- Beschädigungen an bereits fertiggestellten Konstruktionen, Diebstahl etc.

Behinderungsanzeige   Wesentlich ist, dass das Bauunternehmen den Bauherrn im Fall einer Störung oder Behinderung der Bauarbeiten umgehend informiert, damit er reagieren kann. Die sogenannte Behinderungsanzeige beinhaltet neben der Information über eine Störung auch die genaue Beschreibung, wodurch die Arbeiten behindert sind und gegebenenfalls wie lange die Störung voraussichtlich existieren wird. Ziel der Behinderungsanzeige ist es, den Bauherrn so zu informieren, dass er die Rahmenbedingungen verstehen und die Störung möglichst schnell beheben kann. > Abb. 11

Auftraggeber

Hans Meier
Kaiserstraße 11
54123 Musterstadt
                                                                    Fa. Musterbau

                                                                    Ansprechpartner/in:
                                                                    Erika Mustermann

                                                                    Telefon:
                                                                    01234 - 56789
                                                                    Telefax:
                                                                    01234 - 567890

                                                                    30.01.2018
Behinderungsanzeige gemäß § 6 Nr. 1 VOB/B

Sehr geehrte Damen und Herren,

hiermit zeigen wir Ihnen gemäß § 6 Abs. 1 VOB/B an, dass wir derzeit in der ordnungsgemäßen Ausführung der uns übertragenen Leistungen behindert sind. Wir erlauben uns den Hinweis, dass die hindernden Umstände in Ihrem Risikobereich liegen. Maßgeblich sind folgende Gründe:

- Von anderen Unternehmen zu erbringende Leistungen zum Arbeits- und Gesundheitsschutz unserer Beschäftigten waren nicht fertiggestellt (Gerüste, Baustromversorgung)

Gemäß § 6 Abs. 2 VOB/B sind daher die vereinbarten Ausführungsfristen angemessen zu verlängern. Da sich die Dauer der Behinderung gegenwärtig noch nicht abschließend beurteilen lässt, können wir auch die Verlängerung der Ausführungsfristen noch nicht eindeutig ermitteln. Wir kommen hierauf zurück, sobald der Grund für die Behinderung weggefallen ist.

Mit freundlichen Grüßen

Fa. Musterbau

Abb. 11: Beispiel einer Behinderungsanzeige

Es kann auch sinnvoll sein, über die reine Anzeige hinaus Regelabläufe festzulegen, wie im Fall einer Störung vorgegangen werden soll, um spätere Streitigkeiten zu vermeiden.

VERGÜTUNG

Ein für das Bauunternehmen wichtiger Vertragsbestandteil ist die Vergütung. Hier wird geregelt, in welcher Art das Bauunternehmen Geld für seine Leistung erhält und welche Abläufe dabei zu berücksichtigen sind. Je nach Vertragsart > Kap. Vertragsarten wird eine Vergütung nach tatsächlichem Aufwand oder nach Bautenstand bzw. Zahlungsplan zugrunde gelegt. Bei Abrechnungsverträgen müssen die tatsächlich erbrachten Leistungen in einer prüfbaren Rechnung inkl. Aufmaßen und Mengenermittlungen nachgewiesen werden.

Es kann vereinbart werden, dass die Vergütung erst nach Fertigstellung der Leistung bezahlt wird. In der Regel kann das Bauunternehmen jedoch in angemessenen Zeitabständen Zwischen- bzw. Abschlagsrechnungen stellen, um die laufenden Kosten der Baumaßnahme zu decken und die Liquidität zu gewährleisten. Typischerweise werden hier Zeiträume von einem oder mehreren Monaten angenommen. Erst nach Fertigstellung aller Leistungen stellt das Bauunternehmen dann die Schlussrechnung.

Bei manchen Bauarbeiten kann es angemessen sein, eine Vorauszahlung zu gewähren. Insbesondere bei Arbeiten, bei denen das Bauunternehmen mit hohen Kostenanteilen in Vorleistung treten muss, wird vor Erstellung bzw. Einbau bereits eine Vergütung vorgenommen. Diese ist jedoch meist über eine Vorauszahlungsbürgschaft gegengesichert, damit der Bauherr seine Zahlung ohne physische Gegenleistung absichern kann. > Kap. Bauvertragliche Regelungen, Sicherheiten

Manche Bauverträge sehen Arbeiten auf Stundenlohnbasis vor, die insbesondere für schlecht zu beschreibende Arbeiten oder solche Arbeiten vorgesehen sind, die vorab bei der Ausschreibung nicht zu erkennen waren. Diese Stundenlohnarbeiten werden meist über entsprechende Stundenzettel nachgewiesen, die von der Bauleitung vorab freigegeben und anschließend gegengezeichnet werden müssen. > Abb. 12

Abschlagsrechnungen

Vorauszahlung

●

Stundenlohnarbeiten

■

● **Beispiel:** Sollen Fenster eingebaut werden, muss das Bauunternehmen vorab alle Materialien bestellen und sie oftmals direkt bezahlen. Um hier die Liquidität des Bauunternehmens zu gewährleisten, zahlt der Bauherr zur Bestellung des Materials einen Teil der Vergütung gegen Vorlage der Bürgschaft aus. Sollte das Bauunternehmen dann keine Fenster liefern, kann der Bauherr sein Geld vom Bürgschaftsgeber (meist einer Bank) zurückfordern.

■ **Tipp:** Stundenlohnarbeiten führen immer wieder zu Streitigkeiten, da sie schlecht abzugrenzen und zu kontrollieren sind. Teilweise nutzen Bauunternehmen Stundenlohnvereinbarungen auch dazu, zusätzliche Vergütungspotenziale zu generieren. Daher sollten Stundenlohnarbeiten nur im Ausnahmefall vereinbart werden und vorab in jedem Fall einer Freigabe durch die Bauleitung bedürfen.

Kunde: Hans Meier	**Musterbau KG**	
	Transporte - Baustoffe -	Kaiserstraße 10
Baustelle: Hans Meier	Entsorgung	54321 Musterstadt
54123 Musterstadt	Lieferschein 230823	Telefon: 01234 5678
		Telefax: 01234 56789

2-Achser ☐   mit Ladekran ☐   3-Achser ☐   4-Achser ☐   Tandem-Zug ☐   Sattel ☒

KFZ-Kennz. :   MS XY 123   Fahrer: Koch   Datum: 14.01.'18

Anfang _____ Uhr   Ende _____ Uhr   Pause _____ Std   Gesamt _1,25_ Std

Anz.	Menge	Material	Ankunft	Abfahrt	Ladestelle
	36,9	Boden	07:15	07:45	XYZ
	30,3	"	08:45	09:15	"
	41,8	"	10:10	10:25	"

Name: Martin Koch   Unterschrift: M. Koch

Abb. 12: Beispiel eines Stundenzettels

ZAHLUNG

Neben der Vereinbarung zur Vergütung enthält ein Bauvertrag meist auch Regelungen zur Zahlung der Vergütung. Nach Eingang einer Rechnung muss der bauleitende Architekt diese prüfen und dann das Prüfungsergebnis an den Bauherrn übergeben. Dieser weist die Zahlung dann an, sofern er keine Einwände hat. > Abb. 13

Zahlungsziel/-frist Dieser Vorgang kann einige Zeit in Anspruch nehmen, insbesondere wenn Abrechnungspositionen vorheriger Klärung bedürfen oder im Detail überprüft werden müssen. Daher wird im Bauvertrag ein Zahlungsziel bzw. eine Zahlungsfrist vereinbart, innerhalb derer der Bauherr nach Eingang einer Rechnung die Rechnung bezahlt haben muss.

Skonto/Nachlass Bei privatwirtschaftlichen Auftraggebern werden Angebote oft verhandelt, > Kap. Durchführung von Bauverträgen sodass Bauunternehmen gegebenenfalls einen Nachlass oder Skonto gewähren. Ein Nachlass wird dann bei der Abrechnung auf jede Abrechnungsposition angewendet bzw. am Ende jeder Rechnung entsprechend abgezogen. Skonto wird an eine möglichst schnelle Zahlung gekoppelt; so erhält das Bauunternehmen den Vorteil, früher über sein Geld verfügen zu können.

Sollten Mängel vorliegen, kann der Bauherr Geld für die Mängelbeseitigung einbehalten. Dazu muss er die Mängelbeseitigungskosten abschätzen und kann diese dann als Mängeleinbehalt bei der Zahlung berücksichtigen. Je nach Gesetzeslage bzw. Vertragsgrundlage gibt es für diesen Fall
verschiedene Regelungen – in Deutschland ist es beispielsweise möglich,
die Mängelbeseitigungskosten doppelt anzurechnen. Hat das Bauunternehmen in anderen Bauprojekten eine Überzahlung erhalten, so kann der
Bauherr je nach vertraglicher Regelung diese Kosten aufrechnen.

Aufrechnung/
Mängeleinbehalte

NACHTRÄGE

Als Nachträge werden im Allgemeinen Abweichungen vom vertraglichen Bausoll bezeichnet: Muss das Bauunternehmen etwas anderes ausführen, als im Vertrag vorgesehen, so ändert sich unter Umständen auch
die Vergütung. Nachträge können entstehen, wenn der Bauherr eine Änderung des Bausolls oder eine zusätzliche Leistung anweist oder wenn
die Bauumstände andere sind als vorgesehen.

Arten von Nachträgen

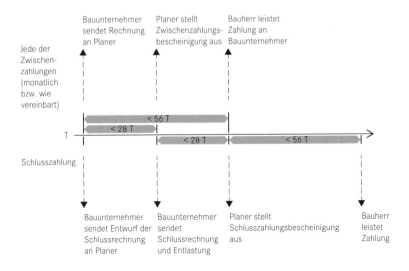

Abb. 13: Regelungen zur Zahlung in den FIDIC-Bauvertragsmustern

○ **Hinweis:** Die Zahlungsfrist kann je nach Rechnungs-
art variieren. In der Regel beträgt sie bei Zwischenrechnungen zwischen 18 und 30 Tage, bei Schlussrech-
nungen kann aufgrund der umfangreicheren Prüfung
ein späteres Zahlungsziel vereinbart werden.

● **Beispiel:** Gewährt das Bauunternehmen beispielsweise ein Skonto von 3 % bei einer Zahlung innerhalb
von zehn Werktagen, kann der Bauherr die Zahlung
gegenüber der Rechnungssumme um 3 % kürzen.
Schafft er es nicht, innerhalb der verkürzten Zahlungsfrist zu überweisen, so ist die reguläre Rechnungssumme ohne Skonto fällig.

Generell unterscheidet man in Sachnachträge und Bauzeitnachträge. Sachnachträge können sein:

- Mehr- oder Mindermengen (nur bei Abrechnungsverträgen)
- Geänderte Leistungen
- Zusätzliche Leistungen
- Die Herausnahme bzw. Teilkündigung von Leistungen
- Ausgeführte, aber nicht beauftragte Leistungen

Bauzeitnachträge umfassen isolierte Bauzeitverzögerungen, die nicht durch Sachnachträge, sondern durch Dritte (z. B. Verzögerungen durch den Bauherrn oder von Vorgewerken) oder höhere Gewalt hervorgerufen wurden.

Bausoll – Vergütung   Da Nachträge bei Baustellen zur Praxis gehören und regelmäßig auftreten, müssen hierzu vertragliche Regelungen getroffen werden, damit die jeweiligen Anpassungen des Vertrags systematisch vorgenommen werden können. Zunächst muss zwischen Bausoll und Vergütung differenziert werden, da einerseits die Verpflichtung zum Bauen inkl. Anweisungsrechten und andererseits die daraus resultierenden Vergütungsansprüche geregelt werden müssen.

○   Im ersten Schritt ist zu regeln, welche Leistungen das Bauunternehmen auch außerhalb des bisherigen Vertragsumfangs zu erfüllen hat. Dies wird für gewöhnlich an den Werkerfolg und die mangelfreie Erstellung des Bauwerks geknüpft. Das Gebäude muss also nach Fertigstellung seinem eigentlichen Zweck dienen können und nach den allgemein anerkannten Regeln der Technik erstellt sein. Hierfür notwendige Leistungen muss das Bauunternehmen in der Regel auch dann ausführen, wenn sie

●   nicht im ursprünglichen Vertrag enthalten waren. > Abb. 14

Des Weiteren ist zu klären, inwieweit der Bauherr berechtigt ist, Anweisungen zur Änderung des Bausolls oder sogar zur Bauzeit zu geben, die für das Bauunternehmen verbindlich sind. So können sich auch außerhalb der allgemein anerkannten Regeln der Technik und des allgemeinen Werkerfolgs Änderungen ergeben, wenn der Bauherr z. B. ein anderes Bodenbelagsmaterial oder eine Trennwand und weitere Türen zur Unterteilung eines großen Raums in kleinere wünscht.

○ **Hinweis:** Die Regelungen zur Anpassung des Bausolls und die Vergütungsfolgen sind in den meisten Bauvertragsmustern wie der deutschen VOB/B oder den international gebräuchlichen FIDIC-Verträgen ausführlich geregelt und auch in der Kommentierung hinreichend erklärt. Daher werden in diesem Kapitel lediglich die grundsätzlichen Prinzipien dargestellt.

● **Beispiel:** Hat der Architekt vergessen, eine Notabdichtung im Flachdachaufbau auszuschreiben, und ist dadurch ein regelkonformer Dachaufbau nicht möglich, so muss das Bauunternehmen den Bauherrn darauf hinweisen und gegebenenfalls die Notabdichtung einbauen. Die daraus resultierende Vergütung wird separat betrachtet.

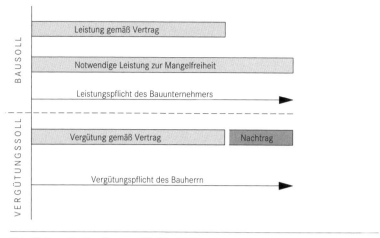

Abb. 14: Bausoll – Vergütungssoll bei Nachträgen

Die Vergütungsfolgen von Nachträgen werden meist separat geregelt, da zunächst juristisch geklärt werden muss, ob die notwendige Leistung bereits im Bausoll enthalten ist oder ob sie eine Vertragsanpassung nach sich zieht, die dann meistens auch eine Anpassung der Vergütung nötig macht. Es gibt zwei Grundprinzipien zur Anpassung der Vergütung: Anpassung der Vergütung

1. Der angepasste Preis orientiert sich an den Kalkulationsgrundsätzen der Angebotspreise. Hierzu wird die sogenannte Urkalkulation herangezogen, die das Bauunternehmen als Basis des Angebots erstellt hat. Auf dieser Grundlage werden Preisbestandteile für den neu zu bildenden Preis herangezogen. Somit bewegt sich die Vergütung von Nachträgen auf dem Preisniveau des Angebots. Hat das Bauunternehmen sehr günstig angeboten, so wird der Nachtrag ebenso günstig vergütet.
2. Es werden marktübliche Preise zugrunde gelegt. Hierbei wird berücksichtigt, dass das Bauunternehmen die zusätzliche Leistung gegebenenfalls neu auf dem Markt abfragen muss, wenn z. B. ein anderes Material eingebaut werden soll oder ein neuer Subunternehmer beauftragt werden muss. Das Risiko der Preisveränderungen auf dem Markt trägt somit der Bauherr.

Unabhängig davon kann es im Vertrag auch Preisgleitklauseln geben. Ohne eine Preisgleitklausel muss das Bauunternehmen zu dem Preis leisten, der dem Vertrag zugrunde liegt. Bei der Vereinbarung einer Preisgleitklausel können einzelne Preise angepasst werden, wenn sich beispielsweise die Stahlpreise während der Bauausführung verändern oder ein neuer Tarifvertrag zu höheren Mitarbeiterkosten führt. Preisgleitklauseln

ABNAHME

Prinzip der Abnahme Eine wesentliche Vertragspflicht des Bauherrn ist neben der Vergütung auch die Abnahme der Bauleistung nach Fertigstellung. Mit der Abnahme sind in der Regel verschiedene Rechtsfolgen verknüpft. > Abb. 15

Arten der Abnahme Je nach Gesetzeslage und den Regelungen im Bauvertrag kommen z. B. folgende Abnahmearten in Frage:

– Schriftliche Abnahme: Der Bauherr informiert das Bauunternehmen per Brief über die Abnahme und gegebenenfalls noch vorhandene Mängel.

– Mündliche Abnahme: Der Bauherr teilt dem Bauunternehmen persönlich mit, dass er mit der Leistung einverstanden ist. Dies ist nur in einigen Ländern, u. a. in Deutschland, möglich und aus Gründen der Nachweisbarkeit schwierig.

– Förmliche Abnahme: Hierbei wird eine Begehung durch den Bauherrn und das Bauunternehmen durchgeführt. Die gefundenen Mängel und die Festlegungen zur Abnahme werden protokolliert und gegebenenfalls von beiden Seiten gegengezeichnet.

– Abnahmekommission: Es wird eine Gruppe bestimmt, die aus Vertretern der Vertragsparteien, späteren Nutzern sowie externen Sachverständigen bestehen kann. Diese Gruppe begeht und prüft das fertiggestellte Bauwerk und führt die Abnahme durch.

– Konkludente Abnahme: Verhält sich der Bauherr so, dass daraus abgeleitet werden kann, dass er mit der Leistung einverstanden ist, so kann dies gegebenenfalls als Abnahme gelten. Dieses schlüssige, also konkludente Verhalten kann z. B. vorliegen, wenn der Bauherr ohne Einwände oder Einbehalte die Schlussrechnung bezahlt und das Gebäude bezieht.

– Fiktive Abnahme: Verlangt das Bauunternehmen eine Abnahme, so kann es dem Bauherrn eine angemessene Frist zur Erklärung der Abnahme setzen. Verstreicht diese Frist ohne Reaktion des Bauherrn, so kann dadurch gegebenenfalls eine Abnahme abgeleitet werden.

■ Tipp: Da in vielen Ländern gesetzliche Regelungen vorgehen und die Bauvertragsmuster nachrangig sind, ist es sinnvoll, sich zunächst damit zu beschäftigen, was durch den Gesetzgeber vorgegeben wird. So sind z. B. in Deutschland die Abnahmeregeln im BGB § 640 als rechtsgeschäftliche Abnahme jedes Werkvertrags geregelt. Das in Deutschland übliche Bauvertragsmuster VOB/B hat dazu nur ergänzende Wirkung.

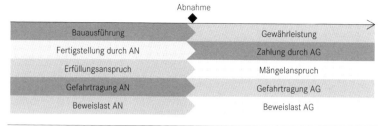

Abnahme

Bauausführung	Gewährleistung
Fertigstellung durch AN	Zahlung durch AG
Erfüllungsanspruch	Mängelanspruch
Gefahrtragung AN	Gefahrtragung AG
Beweislast AN	Beweislast AG

Abb. 15: Typische Rechtsfolgen der Abnahme

Auf Basis der gesetzlichen Möglichkeiten sollte im Bauvertrag gere- Vertragliche Regelung
gelt werden, wie die Abnahme konkret gestaltet wird. Hierzu kann einfach festgehalten werden, dass eine Abnahme nur förmlich erfolgen darf,
sodass mündliche oder konkludente Abnahmen nicht im Nachhinein un-
terstellt werden können. Es kann aber auch ein umfangreicheres und
schrittweises Abnahmeprozedere vereinbart werden. Dies ist z. B. dann
sinnvoll, wenn technische Anlagen zunächst einem Probebetrieb unter-
zogen werden müssen, um ihre einwandfreie Funktion zu testen.

Die rechtgeschäftliche Abnahme zwischen Bauherr und Bauunter- Öffentliche Abnahme
nehmen ist nicht zu verwechseln mit der öffentlichen Abnahme, in der
die genehmigende Behörde das Gebäude zur Nutzung freigibt. Inwieweit
das Bauunternehmen auch hier noch beteiligt ist, muss individuell im Vertrag geregelt werden.

HAFTUNG UND VERSICHERUNG

Ähnlich wie die Abnahme sind auch Haftung und Versicherung in vielen Fällen durch gesetzliche Vorgaben geprägt und daher länderspezi-
fisch. Auf dieser Basis ist es Aufgabe des Vertrags, die Risikoverteilung
zwischen Bauunternehmen und Bauherrn zu klären.

Ausgangspunkt aller Überlegungen sollte dabei sein, dass jeweils Risikoverteilung
derjenige Vertragspartner die Risiken übernimmt, für die er inhaltlich ver-
antwortlich ist. Übergibt der Bauherr dem Bauunternehmen eine vollstän-
dige, mit den Fachplanern und Sachverständigen abgestimmte Architek-
turplanung, so liegt die Richtigkeit dieser Planung in seiner Risikosphäre.
In gleicher Weise liegt die Mangelfreiheit der Bauausführung in der Risikosphäre des Bauunternehmens. Ausgehend von diesen beiden Ansätzen
können Details sehr unterschiedlich geregelt und Risikobereiche abgegrenzt bzw. auf den anderen Vertragspartner übertragen werden. Die
Übertragung unverhältnismäßiger Risiken auf das Bauunternehmen führt
allerdings in der Regel dazu, dass Unternehmer von der Abgabe eines Angebots Abstand nehmen oder sich das übernommene Risiko auch durch
höhere Angebotspreise vergüten lassen. Dieser Abwägungsprozess zwischen Verlagerung von Risiken und gegebenenfalls daraus resultierenden erhöhten Kosten muss vom Bauherrn geführt werden.

Um spätere Streitigkeiten zu vermeiden, ist es wichtig, die Risikoverteilung im Vertrag möglichst eindeutig zu regeln. Dies betrifft z. B.:

— Eventuelle Planungsmängel
— Fortschreibung der Planung
— Gegebenenfalls Genehmigungsrisiken und Risiken in der öffent-
   lichen Abnahme
— Mengenrisiken/Pauschalierung
— Preisanpassungen
— Mängelansprüche
— Haftung für eigene Mängel/Schäden der Vertragspartner
— Haftung für Schäden und Einflüsse Dritter
— Gegebenenfalls Haftungsbegrenzung
— Mangelbeseitigungswege und -ansprüche

Neben der Klarstellung der Haftung ist es ebenfalls wichtig, verbindliche Schutzwirkungen zu vereinbaren. Hierzu gehören insbesondere
Haftpflicht- und Bauwesenversicherungen. Das Zusammenwirken aller
Versicherungen muss bewirken, dass sowohl Risiken, die aus der Bau-
tätigkeit des Bauunternehmens resultieren (z. B. Mängel, Beschädigungen oder andere durch die Arbeit verursachte Schäden), als auch Risiken
● für und durch Dritte versichert sind.

SICHERHEITEN

Da es bei der Erstellung von Bauwerken oftmals um hohe Geldbe-
träge geht, werden teilweise Sicherheiten vom Vertragspartner gefordert,
um das eigene Risiko zu minimieren. Dies kann eine Sicherung der Zahlung des Bauherrn sein, die das Bauunternehmen aufgrund der Vorleistung und späteren Abrechnung fordert. Ebenso kann der Bauherr sich
absichern wollen, damit das Bauunternehmen seinen Leistungen und seiner Mängelbeseitigung in der Gewährleistungszeit nachkommt. Daher
werden bei Bauverträgen mit einem größeren Projektvolumen oftmals
gegenseitige Sicherheiten vereinbart. Sicherheiten können z. B. durch
folgende Maßnahmen erreicht werden:

— Einbehalte
— Vorauszahlungen
— Hinterlegung von Bürgschaften
— Hinterlegung von Geldern
— Sicherungshypotheken o. Ä.

Man kann zur Sicherung des Bauherrn vereinbaren, dass während
der Bauausführung Einbehalte bei den Zwischenrechnungen vorgenommen werden, bis die Leistung vollständig erbracht ist. Erst dann wird die
komplette Vergütung fällig. Ebenso ist es möglich, bis zum Ende der

Gewährleistungszeit z. B. 5 % der Schlussrechnungssumme einzubehalten, um eventuell auftretende Spätfolgen und versteckte Mängel abzusichern.

Vorauszahlungen

Zur Sicherung der Zahlung an das Bauunternehmen ist es am einfachsten, Vorauszahlungen zu vereinbaren, sodass das Bauunternehmen immer ausreichend Liquidität zur Ausführung der Bauleistungen hat. Die Risikominimierung seitens des Bauunternehmens hat jedoch eine Erhöhung des Risikos beim Bauherrn zur Folge, das in der Regel durch Bürgschaften abgesichert wird.

Bürgschaften

Bürgschaften sind finanzielle Absicherungen der Vertragspartner durch Dritte. Sie werden in der Regel durch Banken gestellt, können aber auch durch andere wie z. B. eine Konzernmutter oder eine Versicherung bereitgestellt werden. Je nach Zweck der Bürgschaft unterscheidet man im Wesentlichen:

- Zahlungsbürgschaft: Ein dritter Beteiligter übernimmt die Gewähr, dass berechtigte Vergütungsansprüche des Bauunternehmens auch beglichen werden.
- Vorauszahlungsbürgschaft: Ein dritter Beteiligter übernimmt die Gewähr, dass eine Vorauszahlung des Bauherrn zurückgezahlt wird, sollte die hiermit verbundene Leistung nicht vom Bauunternehmen ausgeführt werden.
- Erfüllungsbürgschaft: Ein dritter Beteiligter übernimmt die Gewähr, dass finanzielle Schäden des Bauherrn kompensiert werden, sofern das Bauunternehmen seine Leistung nicht vollendet. Dies umfasst in der Regel eine vereinbarte Deckelung z. B. von 5–10 % der Auftragssumme, wodurch finanzielle Nachteile bei der Weitergabe an ein neues Bauunternehmen kompensiert werden sollen.
- Gewährleistungsbürgschaft: Während der Gewährleistungszeit übernimmt ein dritter Beteiligter die Gewähr, dass finanzielle Schäden des Bauherrn durch auftretende Mängel kompensiert werden, sofern das Bauunternehmen diese nicht beseitigt. Dies umfasst in der Regel eine vereinbarte Deckelung von 5 % der Schlussrechnungssumme, wodurch finanzielle Nachteile bei der Weitergabe an ein neues Bauunternehmen kompensiert werden sollen.

● **Beispiel:** Fällt bei Sturm ein Bauzaun auf eine Straße und wird dadurch ein Auto beschädigt, so muss hierfür ein Versicherungsschutz existieren, der die Risiken der Baustelle gegenüber Dritten absichert. Ebenso können Diebstähle von Baumaterialien oder -maschinen zu großen Termin- und Kostenrisiken führen, die ebenfalls abgesichert sein sollten.

Ebenso ist es möglich, einen Geldbetrag als Sicherheit im Sinne einer Kaution auf einem Drittkonto zu hinterlegen, das der Geldgeber nicht ohne Zustimmung des Vertragspartners wieder auflösen kann.

Sicherungshypotheken Unter anderem in Deutschland ist es für Bauunternehmen möglich, eigene Forderungen im Grundbuch des Baugrundstücks als Sicherungshypothek eintragen zu lassen. So wird gewährleistet, dass das Bauunternehmen seine Forderungen notfalls über Zwangsmaßnahmen gerichtlich durchsetzen kann, wenn z. B. ein Bauherr durch Insolvenz zahlungsunfähig ist.

Vertragliche Regelungen Generell sollte bereits im Bauvertrag geregelt werden, welche Sicherungsmechanismen zum Tragen kommen. Ebenso sollte dort klargestellt sein, dass es keine Dopplungen bei der Sicherung einzelner Vertragsinteressen geben darf. So kann der Bauherr entweder einen Gewährleistungseinbehalt vorsehen oder eine Bürgschaft erhalten, er kann jedoch nicht beide Varianten als doppelte Sicherung verlangen.

STREITLÖSUNGSMECHANISMEN

Streitpotenziale im Bauvertrag In einem Bauvertrag sollten selbstverständlich alle Vertragsinhalte so geregelt werden, dass möglichst keine Streitigkeiten über das Bausoll oder die Vergütung entstehen. Zwar ist eine partnerschaftliche Abwicklung von Baumaßnahmen für alle Vertragsparteien sicherlich der beste Weg, dennoch entwickeln sich immer wieder Problemfelder durch unvorhergesehene Ereignisse oder Missverständnisse zwischen den Vertragsparteien. Es hängt dann stark von den jeweiligen Projektbearbeitern auf beiden Seiten und den jeweils dahinterstehenden Unternehmenskulturen ab, ob solche Schwierigkeiten für beide Seiten zufriedenstellend gelöst werden können oder ob ein Streit entsteht. Da sich zu Beginn eines Projekts meist nicht voraussehen lässt, wie sich die Zusammenarbeit über den Bauprozess entwickeln wird, und da die Baubeteiligten oft in einem hohen Maße miteinander kooperieren müssen, ist es sinnvoll, im Bauvertrag Konfliktlösungsmechanismen zu verankern. Klärt man vorab zu einem Zeitpunkt, an dem beide Vertragspartner noch partnerschaftlich agieren, wie man im Falle eines eskalierenden Streits verfahren wird, so lassen sich spätere Differenzen grundsätzlich einfacher lösen.

Verfahren zur Streitlösung Konfliktlösungsmechanismen können auf einfachem Weg die gegenseitige Kommunikation regeln und Klärungsgespräche strukturieren, sie können jedoch auch komplexe Entscheidungsprozesse über Sachverständige oder Schiedsgerichte vorsehen. Letztere werden von den Vertragsparteien angerufen, um bei einem nicht zu lösenden Dissens eine Entscheidung herbeizuführen.

Schiedsgerichte Im Vertrag ist daher zu regeln, wie sich derartige Schiedsgerichte zusammensetzen und welche Abläufe und Termine für den Schiedsspruch gelten sollen. So können beispielsweise bei Großprojekten beide Vertragsparteien je einen Schiedsrichter benennen, die wiederum einen

dritten Schiedsrichter benennen, um eine neutrale Entscheidung zu ermöglichen.

Grundsätzlich sollten Schiedsgerichte in Rechtsräumen ohne eindeu-
tige Rechtssicherheit eine wesentliche Rolle übernehmen, um die Ver-
bindlichkeit des Vertrags für beide Parteien deutlich zu machen. Wichtig
ist ebenfalls, im Vertrag festzulegen, inwieweit ein Schiedsspruch für
beide Vertragsparteien bindend und direkt vollstreckbar ist oder ob
darüber hinaus noch staatliche Gerichte oder internationale Schieds-
gerichtshöfe eingeschaltet werden können. > Abb. 16

Relevanz der
Streitlösung

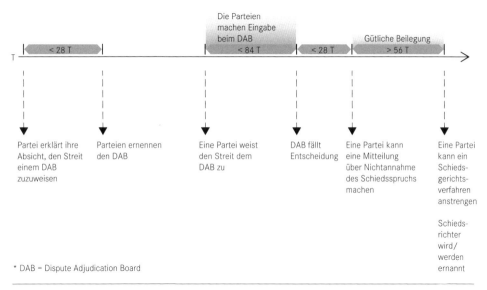

* DAB = Dispute Adjudication Board

Abb. 16: Konfliktlösungsmechanismus bei internationalen FIDIC-Verträgen

Vertragsbestandteile

Neben der Festlegung der im vorigen Kapitel benannten Vertragsbedingungen in einem Bauvertragstext stellt sich die Frage, woraus ein
Bauvertrag darüber hinaus besteht. Basis eines Bauvertrags sind diverse
Unterlagen wie Pläne, Leistungsbeschreibungen oder Gutachten, die das
Projekt beschreiben und die Rahmenbedingungen der Bauausführung definieren. Im Folgenden werden daher die wesentlichen Bestandteile erläutert, die notwendig sind, um das Bausoll festzulegen und den Bauunternehmen die Möglichkeit geben, im Vergabeverfahren ein Angebot
abzugeben. Bei jedem Vergabeverfahren ist daher auch projektbezogen
zu klären, welche Unterlagen und Informationen der Bieter braucht, um
die Leistung eindeutig kalkulieren zu können, da diese schlussendlich die
Basis des Vertrags und der Bauausführung bilden.

Typische Bestandteile eines Bauvertrags sind: > Abb. 17

- Der Bauvertrag selbst bzw. ein Zuschlagsschreiben
- Vertragliche Bedingungen und Vorbemerkungen
- Gegebenenfalls eine Baubeschreibung bzw. eine Präambel als
  Definition des Werkerfolgs
- Die Leistungsbeschreibung
- Die Angebotspreise des Bauunternehmens
- Planunterlagen, inkl. gegebenenfalls Detailplanung
- Gutachten
- Gegebenenfalls Muster und Proben
- Gegebenenfalls Fotodokumentation

Diese Unterlagen unterscheiden sich inhaltlich teilweise deutlich je
nach Vergabezeitpunkt im Planungsprozess und je nach Vertragsart.

Rangfolge   Vertraglich sollte eine Rangfolgeregelung getroffen werden, in der
die Reihenfolge festgelegt wird, in der die Vertragsbestandteile gelten.
Dies ist z. B. bei Widersprüchen zwischen einzelnen Vertragsbestand-
● teilen wichtig.

> ● **Beispiel:** In einem Plan ist gezeichnet, dass ein
> Vordach mit einem verzinkten Stahlprofil von 120 mm
> Höhe gebaut werden soll. In der Ausschreibung ist
> jedoch eine Profilhöhe von 80 mm textlich festgelegt
> und in den Vorbemerkungen steht, dass alle Stahlteile
> nur grundiert werden sollen. Hier stellt sich die Frage,
> welche Informationen vorrangig gelten.

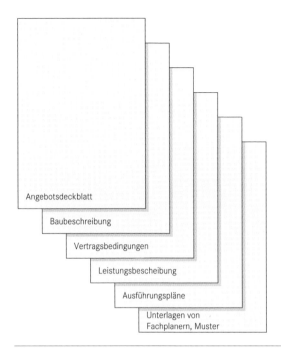

Angebotsdeckblatt

Baubeschreibung

Vertragsbedingungen

Leistungsbescheibung

Ausführungspläne

Unterlagen von
Fachplanern, Muster

Abb. 17: Bestandteile eines Bauvertrags

Eine typische Rangfolgenregelung könnte wie folgt aussehen:

1. Bauvertrag
2. Protokoll der Vertragsverhandlung inkl. Klarstellungen
3. Leistungsbeschreibung
4. Planunterlagen
5. Raumbuch
6. Gutachten für Brandschutz etc.
7. Projektspezifische Vertragsbedingungen
8. Angebot des Bauunternehmens
9. Allgemein gültige Vertragsbedingungen
10. Technische Standards

Die genaue Rangfolge der einzelnen Elemente wird dann projektspezifisch festgelegt. Eine typische Vorgehensweise ist, die Bestandteile mit konkretem Projektbezug bzw. detailliertem Inhalt vor den allgemein gültigen zu platzieren. Auch die Frage, ob das Angebot des Auftragnehmers nachrangig zu den gesamten Unterlagen des Bauherrn aufgenommen werden soll, muss insbesondere bei Einschränkungen und Änderungen des Leistungssolls im Angebot projektspezifisch geklärt werden.

Darüber hinaus muss klargestellt werden, welche allgemeinen technischen Standards einzuhalten sind. Dies erfolgt in der Regel durch die Benennung dieser Standards im Vertrag, sofern sie nicht, wie z. B. in Deutschland, sowieso allgemein geregelt sind. In fast allen Staaten gibt es Regelungs- bzw. Normungswerke, auf denen Bauverträge aufsatteln können. Ist nichts anderes im Vertrag geregelt, so sind Normen und andere Regelungen immer nachrangig zu den konkreten, projektspezifischen Unterlagen wie Plänen, Leistungsbeschreibungen etc.

Gelten allgemeine Standards, die grundsätzlich in einem Land eingehalten werden müssen, so werden diese auch als „allgemein anerkannte Regeln der Technik" bezeichnet.

LEISTUNGSBESCHREIBUNG

Kern jedes Bauvertrags ist die Leistungsbeschreibung, in der die umzusetzenden Bauleistungen festgelegt werden. Sie wird durch den Architekten erstellt und als Teil der Ausschreibung den potenziellen Bietern übergeben, die auf dieser Grundlage ihr Angebot kalkulieren. Die Leistungsbeschreibung definiert somit im Wesentlichen das Bausoll des Bauvertrags.

Leistungsbeschreibungen können die zu erbringenden Leistungen detailliert festlegen oder eher funktional Leistungsziele definieren. Dies bedingt teilweise auch die Art der Vergabe und die Art des Bauvertrags (Abrechnungs- oder Pauschalvertrag). > Kap. Vertragsarten

Demnach existieren grundsätzlich zwei Arten der Leistungsbeschreibung:

— Leistungsverzeichnisse

■ — funktionale Leistungsbeschreibungen (Leistungsprogramm)

Leistungsverzeichnisse stellen die zu erbringenden Leistungen detailliert in einzelnen Positionen dar. Eine Leistungsposition besteht aus einer Ordnungszahl, einem Kurz- und Langtext, einer Positionsart und einer Mengenangabe. Zusätzlich werden Felder für die Angebotspreise des Bauunternehmens ergänzt, in die das Bauunternehmen den Preis für eine Einheit und die gesamte Menge einträgt. > Abb. 18

O **Hinweis:** Als allgemein anerkannte Regeln der Technik gelten alle Regelwerke, die einerseits von der Fachwelt als richtig erachtet werden und andererseits Einzug in die Praxis gefunden haben. Somit beschränken sich die allgemein anerkannten Regeln der Technik nicht nur auf Normen und Gesetze, sondern z. B. auch auf Hersteller- und Einbaurichtlinien, Verbandsempfehlungen, Hinweise und Richtlinien von Fachinstituten etc.

■ **Tipp:** Im Buch *Basics Ausschreibung* von Tim Brandt und Sebastian Franssen wird das Aufstellen von Leistungsverzeichnissen und Leistungsprogrammen ausführlich behandelt.

2. Innenausbau
  2.1 Trockenbauarbeiten
    2.1.4 Gipskartonwände, 125 mm   Menge   Einheitspreis   Gesamtpreis
       Gipskartonwand, Metallständerwand aus Alu-C-Profilen,
       doppelseitig beplankt (je 2 × 12,5 mm GK-Platte), 60 mm
       Zwischenraum mit Mineralwolle gefüllt, verspachtelt und
       geschliffen (Q3)
       Höhe: 2,85 m
       Produktbezeichnung: XXX (o. gleichwertig)
       falls abweichend, angebotenes Fabrikat:

    _____   82 m²   _____   _____

    2.1.5 Gipskartonwände, 200 mm
       Gipskartonwand, Metallständerwand aus Alu-C-Profilen,
       doppelseitig beplankt (je 2 × 12,5mm GK-Platte), 100 mm
       Zwischenraum mit Mineralwolle gefüllt, verspachtelt und
       geschliffen (Q2)
       Höhe: 2,85 m
       Produktbezeichnung: XXX (o. gleichwertig)
       falls abweichend, angebotenes Fabrikat:

    _____   65 m²   _____   _____

    2.1.6 abgehängte Gipskartondecke
       Gipskartondecke, abgehängt (180 mm unter UKRD)
       Aluminium-Abhängung als Unterkonstruktion
       80 mm Mineralwolle zur Schallabsorption
       Produktbezeichnung: XXX (o. gleichwertig)
       falls abweichend, angebotenes Fabrikat:

    _____   253 m²   _____   _____

Abb. 18: Beispiel eines Leistungsverzeichnisses

Leistungsverzeichnisse können als Abrechnungs- oder Detailpauschalvertrag ausgestaltet werden.

Das Leistungsprogramm bzw. die funktionale Leistungsbeschreibung (FLB) beschreibt in der Regel keine exakte Ausführungsart, sondern beschränkt sich auf die Festlegung der Ergebnisse und Ziele des Werkes. Das Bauunternehmen kann daher mit seiner Fachkompetenz entscheiden, wie es das Ziel erreichen möchte, und die dafür am besten geeignete Ausführungsart bestimmen.

Leistungsprogramm

Funktionale Leistungsbeschreibungen fallen je nach Detaillierungsgrad sehr unterschiedlich aus. Findet die Vergabe zu Beginn des Planungsprozesses statt, werden meist nur Baubeschreibungen und Raumanforderungen ohne weitere Planunterlagen vorgegeben. Ist ein Entwurf vorhanden, werden teilweise Raumbücher oder auf Bauteile bzw. Gewerke bezogene Beschreibungen verwendet, um die Ziele des Projektes zu definieren. > Abb. 19

Leistungsverzeichnisse können als Abrechnungs- oder Detailpauschalvertrag ausgestaltet werden. Leistungsprogramme bzw. funktionale Leistungsbeschreibungen werden in der Regel als Globalpauschalvertrag vergeben.

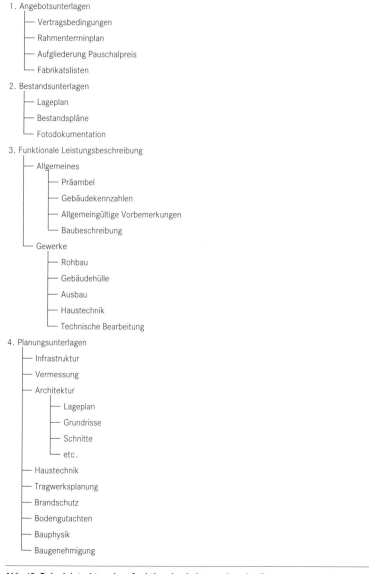

1. Angebotsunterlagen
— Vertragsbedingungen
— Rahmenterminplan
— Aufgliederung Pauschalpreis
— Fabrikatslisten
2. Bestandsunterlagen
— Lageplan
— Bestandspläne
— Fotodokumentation
3. Funktionale Leistungsbeschreibung
— Allgemeines
— Präambel
— Gebäudekennzahlen
— Allgemeingültige Vorbemerkungen
— Baubeschreibung
— Gewerke
— Rohbau
— Gebäudehülle
— Ausbau
— Haustechnik
— Technische Bearbeitung
4. Planungsunterlagen
— Infrastruktur
— Vermessung
— Architektur
— Lageplan
— Grundrisse
— Schnitte
— etc.
— Haustechnik
— Tragwerksplanung
— Brandschutz
— Bodengutachten
— Bauphysik
— Baugenehmigung

Abb. 19: Beispielstruktur einer funktionalen Leistungsbeschreibung

PLANUNTERLAGEN, GUTACHTEN

Neben den textlichen Festlegungen in der Leistungsbeschreibung benötigt das Bauunternehmen Planunterlagen, die die geometrischen Festlegungen der Bauausführung definieren. Je nach Vergabezeitpunkt werden dem Bauvertrag verschiedene Planstände zugrunde gelegt:

Planunterlagen

– Vergabe mit Vorentwurfszeichnungen > Abb. 20
– Vergabe mit genehmigungsreifen oder genehmigten Entwurfsplänen > Abb. 21
– Vergabe mit fortgeschriebenen Entwurfsplänen und Leitdetails
– Vergabe mit einer baureifen Ausführungsplanung > Abb. 22

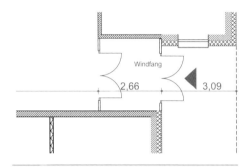

Abb. 20: Plantiefe Vorentwurf (Planausschnitt)

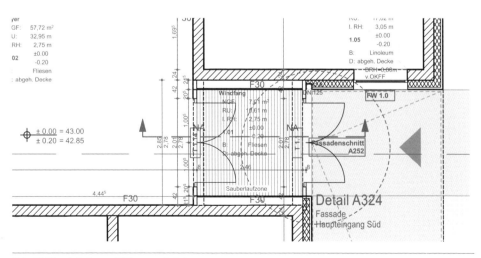

Abb. 21: Plantiefe Entwurf (Planausschnitt)

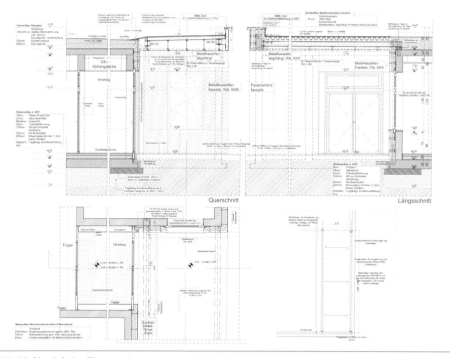

Querschnitt

Längsschnitt

Foyer

Windfang

Abb. 22: Plantiefe Ausführungsplanung

Erhält das Bauunternehmen keine baureife Ausführungsplanung, so muss es selbst die weitere Planung übernehmen und auch dem Bauherrn entsprechend anbieten. > Kap. Vertragsarten, Generalunternehmervergabe

Baureife Ausführungspläne
Werden baureife Ausführungspläne erstellt und erfolgt eine Einzelvergabe an Handwerker, so sind teilweise spezielle Planunterlagen für einzelne Gewerke zu erstellen. Als minimale Grundlage erhalten alle Bauunternehmen folgende Pläne zur Projektübersicht:

— Lageplan/Baustelleneinrichtungsplan
— Grundrisse
— Schnitte
— Ansichten

Bei GU-Vergaben auf der Basis funktionaler Leistungsbeschreibungen werden meist noch diverse Übersichtspläne beigelegt, in denen die Einbauorte der jeweiligen Materialien und Qualitäten zu erkennen sind. Dies ist zur Abgrenzung des Bausolls wichtig, da aufgrund des funktionalen Charakters keine Menge in der Leistungsbeschreibung enthalten ist. > Abb. 23 und 24

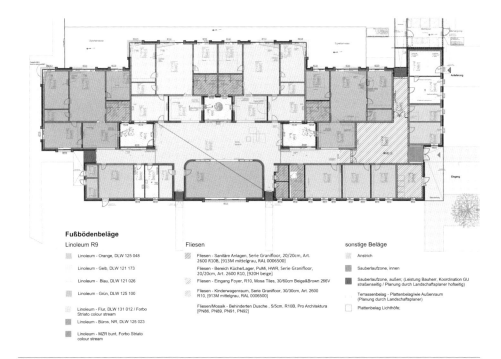

Fußbödenbeläge

Linoleum R9

- Linoleum - Orange, DLW 125 048
- Linoleum - Gelb, DLW 121 173
- Linoleum - Blau, DLW 121 026
- Linoleum - Grün, DLW 125 100
- Linoleum - Flur, DLW 131 012 / Forbo Striato colour stream
- Linoleum - Büros, NR, DLW 125 023
- Linoleum - MZR bunt, Forbo Striato colour stream

Fliesen

- Fliesen - Sanitäre Anlagen, Serie Granifloor, 20/20cm, Art. 2600 R10B, [913M mittelgrau, RAL 0006500]
- Fliesen - Bereich Küche/Lager, PuMi, HWR, Serie Granifloor, 20/20cm, Art. 2600 R10, [920H beige]
- Fliesen - Eingang Foyer, R10, Mosa Tiles, 30/60cm Beige&Brown 266V
- Fliesen - Kinderwagenraum, Serie Granifloor, 30/30cm, Art. 2600 R10, [913M mittelgrau, RAL 0006500]
- Fliesen/Mosaik - Behinderten Dusche , 5/5cm, R10B, Pro Architektura [PN86, PN89, PN91, PN92]

sonstige Beläge

- Anstrich
- Sauberlaufzone, innen
- Sauberlaufzone, außen; (Leistung Bauherr, Koordination GU straßenseitig / Planung durch Landschaftsplaner hofseitig)
- Terrassenbelag - Plattenbelag/wie Außenraum (Planung durch Landschaftsplaner)
- Plattenbelag Lichthöfe;

Abb. 23: Beispiel eines Bodenübersichtsplans

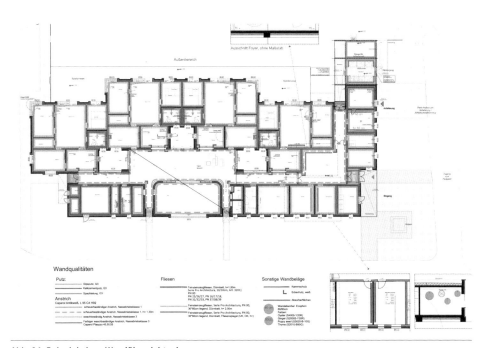

Wandqualitäten

Putz:
- Gipsputz, Q3
- Kalkzementputz, Q3
- Spachtelung, Q3

Anstrich
Caparol Antikweiß, L 95 C4 H92
- scheuerbeständiger Anstrich, Nassabriebsklasse 1
- scheuerbeständiger Anstrich, Nassabriebsklasse 1, H= 1,30m
- Farbiger waschbeständiger Anstrich, Nassabriebsklasse 3
Caparol Pleaszro 40,50,55

Fliesen
- Feinsteinzeugfliesen, Dünnbett, h=1,60m Serie Pro Architectura, 10/10cm, Art. 3201] PN 00 PN 25/26/27, PN 16/17/18, PN 31/32/33, PN 37/38/39
- Feinsteinzeugfliesen, Serie Pro Architectura, PN 00, 30*60cm liegend, Dünnbett, h= 2,00m
- Feinsteinzeugfliesen, Serie Pro Architectura, PN 00, 30*60cm liegend, Dünnbett, [UK, OK, h=]

Sonstige Wandbeläge
- Rammschutz
- Eckschutz, weiß
- Absorberflächen
- Wandabscheber Ecophon 50/80cm Farben: Oyster (84005-Y20R) Poppy seed (63605-B-Y0G) Thyme (S2010-B90G)

Abb. 24: Beispiel eines Wandübersichtsplans

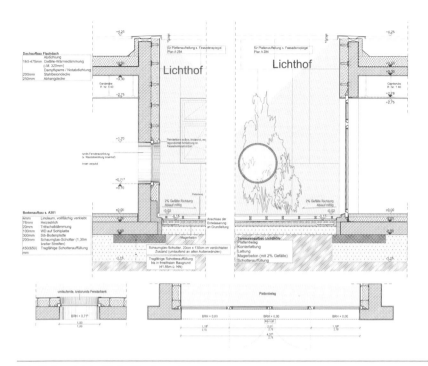

Abb. 25: Beispielplan für Fachlos Fassade

Gewerkespezifisch werden gegebenenfalls weitere Pläne ergänzt. > Abb. 25 und 26 Dies können beispielsweise sein:

- Rohbau: Baugrube, Gründung, Schalpläne, Bewehrungspläne, Anschlussdetails etc.
- Fenster/Fassade: Fensterdetails, Fassadenschnitte, Fenster-/ Türenlisten, gegebenenfalls Verlegepläne etc.
- Dachdeckung/Dachabdichtung: Dachaufsichten, Dachdetails, TGA-Pläne Entlüftung/Dachdurchdringungen, Entwässerungspläne etc.
- Estrich: Verlegepläne für den Estrich, Details Bodenaufbauten, Anschlussdetails Boden
- Fliesen: Fliesenspiegel, Pläne der Nassräume, Details

Gutachten

Neben Planunterlagen werden bei vielen Bauverträgen auch Gutachten von Sachverständigen Vertragsbestandteil. Hierzu können zählen:

- Standsicherheitsnachweis (Statik)
- Bodengutachten
- Wärmeschutznachweis
- Schallschutznachweis

48

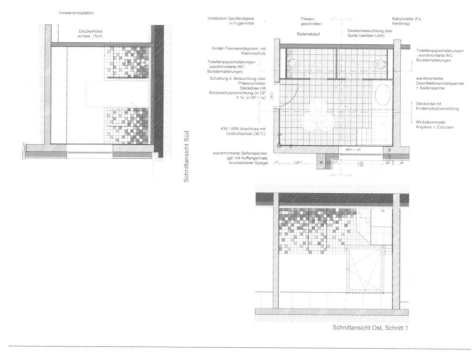

Abb. 26: Beispielplan für Fachlos Fliesenarbeiten

- Brandschutzkonzept
- Gegebenenfalls Schadstoffanalyse im Bestand

Welche Gutachten welchen Verträgen zugrunde gelegt werden, hängt davon ab, ob die jeweiligen Inhalte relevant für das Gewerk sind und ob die Inhalte des Gutachtens bereits vollständig in die Leistungsbeschreibung eingeflossen sind. Um Redundanzen zu vermeiden, sollten Gutachten vor allem dann Vertragsbestandteil werden, wenn sie zum Verständnis und zur Abgrenzung des Bausolls erforderlich sind.

SONSTIGE BESTANDTEILE

Teilweise werden zum Verständnis des Bausolls oder der Bauumstände weitere Unterlagen benötigt. Dies können ergänzende Informationen der genehmigenden Behörden (Baugenehmigung, Entwässerungsgenehmigung, Anschlussbedingungen etc.) oder sonstige Einschränkungen oder Informationen zur Baustelle oder zum Projekt sein.

Da in der Regel nicht erwartet werden kann, dass das Bauunternehmen die Baustelle vor der Angebotsabgabe besichtigt, wird der Ausschreibung meist eine Fotodokumentation der Baustellensituation beigelegt. Somit wird sie oft auch Vertragsgrundlage, da auf Basis dieser

Fotodokumentation

Informationen kalkuliert wird. Eine Fotodokumentation hilft, die Bauumstände zu verstehen, den Zustand der Baustelle zu erkennen und gegebenenfalls die eigenen Arbeiten besser einzugrenzen.

Fabrikatslisten Möchte der Bauherr über die angebotenen Fabrikate informiert werden oder sie vorab festlegen, so können sie entweder direkt in der Leistungsbeschreibung benannt bzw. abgefragt oder in einer Fabrikatsliste zusammengefasst werden. Hier können zentral Qualitäten und Materialien erfasst werden, die damit bindend für die Bauausführung werden. > Tab. 2

Muster, Proben Teilweise ist es auch hilfreich, Muster oder Proben beizulegen bzw. diese fotografisch festzuhalten. So können bei Denkmalpflegeprojekten z. B. Oberflächen und Materialien bestimmt werden, die angearbeitet werden müssen. Wenn Materialien von verschiedenen Fachlosen eingebaut werden müssen (etwa Holzfurniere vom Türenbauer, Tischler und Medientechniker), kann es sinnvoll sein, kleinere Musterstücke beizulegen, um die genaue Optik für alle gleich zu definieren.

Tab. 2: Beispiel für eine Fabrikatsliste

Gewerk/FLB	Leistung/Bauteil	Richt-fabrikat	Bieter-fabrikat	Anlage des Bieters bei abweichenden Fabrikaten
Rohbau				
3.2.4 Rohbau	Stahlbau/Isokörbe	xyz		
Fassade				
3.3.1 Dachabdichtung	Dachabdichtung	xyz		
3.3.1 Dachabdichtung	Gefälledämmung Dach	xyz		
3.3.1 Dachabdichtung	Dacheinläufe	xyz		
3.3.2 Vorhangfassade	Faserzementplatten	xyz		
3.3.3 Außenfenster	Holz-Aluminium Lochfenster/ Holz-Aluminium Fensterelemente mit integrierten Fenstertüren	xyz		
3.3.3 Außenfenster	Fenstergriffe/Handhebel	xyz		
3.3.4 Sonnenschutz	Raffstore System für Kastenfenster und Vorhangfassade	xyz		
Ausbau				
….	….	….		

● **Beispiel:** Muss ein Maler Fugen von Fertigteilwänden schließen, so ist es hilfreich, die Fugen inkl. eines Zollstocks zu fotografieren, um die Größe und Tiefe erkennen zu können. Ebenso ist es für einen Trockenbauer interessant, die Installationsdichte einer Decke zu sehen, wenn er dort eine Abhangdecke kalkulieren muss.

Durchführung von Bauverträgen

In den vorigen Kapiteln wurden alle wesentlichen Regelungsinhalte und die Bestandteile des Bauvertrags erläutert. Im Folgenden werden nun die Wege behandelt, wie ein Bauvertrag zustande kommt, und welche bauvertraglichen Aspekte bei der Durchführung einer Baumaßnahme zu beachten sind.

ZIELRICHTUNGEN UND GRUNDSÄTZE

Zu Beginn eines Planungsprojektes sollten bereits wesentliche Meilensteine wie der Vergabezeitpunkt im Planungsprozess geklärt werden. So können entsprechende Planerverträge mit Architekten und Fachingenieuren mit dem hierfür notwendigen Leistungsumfang geschlossen werden. Auch die grundsätzliche Entscheidung, ob die Bauleistungen an Fachlose oder ein Generalunternehmen vergeben werden, sollte frühzeitig im Planungsprozess getroffen werden, um die Planungs- und Ausschreibungsinhalte in die entsprechende Richtung zu steuern. Aus diesen Festlegungen lässt sich die jeweilige Vertragsart ableiten, deren Vor- und Nachteile bezogen auf das spezifische Projekt abzuwägen sind.

Entscheidungen zu Projektbeginn

Hat man Vergabezeitpunkt und Vertragsart festgelegt, ist zu klären, in welcher Form und wie detailliert der Bauvertrag ausgestaltet werden soll. Grundsätzlich stehen länderspezifische und internationale Vertragsmuster oder allgemeine Vertragsbedingungen zur Verfügung, die als Grundlage für die Vertragsgestaltung herangezogen werden können.

Vertragsgestaltung mit Vertragsmustern

> Anhang, Vertragsmuster

Die unreflektierte Übernahme allgemeingültiger Regelwerke ohne Prüfung und Anpassung der projektspezifischen Aspekte ist jedoch nicht empfehlenswert. Vertragsmuster sind bewusst so formuliert, dass sie für möglichst viele verschiedene Bautypologien, Projektgrößen oder Ausführungsarten geeignet sind; spezifische Regelungsinhalte sind hier nur bedingt vorzufinden. So müssen einzelne Inhalte angepasst, individualisiert oder ergänzt werden, um auf Basis des Vertragsmusters zu einem guten Bauvertrag zu gelangen. ∎

> ∎ **Tipp:** Öffentliche Auftraggeber sind oft zur Nutzung bestimmter Vertragsmuster verpflichtet und dürfen diese nur unter besonderen Voraussetzungen abändern. Hier muss zusammen mit dem öffentlichen Bauherrn geklärt werden, welche Möglichkeiten der Konkretisierung und Ergänzung projektspezifischer Inhalte bestehen.

Allgemeine
Geschäfts-
bedingungen
Viele professionelle Auftraggeber wie Immobilienunternehmen oder Konzerne haben eigene Vertragsbedingungen, die sie als allgemeine Geschäftsbedingungen jedem Bauvertrag zugrunde legen. Diese können unternehmensweit für alle Aktivitäten des Einkaufs von Gütern oder spezifisch für Baumaßnahmen formuliert sein. Sind allgemeine Geschäftsbedingungen seitens des Bauherrn vorhanden, so müssen sie daraufhin analysiert werden, welche Regelungsinhalte bereits abgedeckt und welche zu ergänzen sind.

Individuelle
Bauverträge
Teilweise ist es sinnvoll, komplett eigenständige Verträge für ein Projekt zu entwickeln. Dies kommt insbesondere dann in Betracht, wenn sich große, komplexe oder besondere Projekte nicht in einfacher Art vertraglich abbilden lassen oder der Bieter in die Vertragsgestaltung eingebunden werden soll. Dabei sollten in jedem Fall spezialisierte Juristen einbezogen werden. Individuelle Bauverträge haben den entscheidenden Vorteil, dass sie komplett auf die Anforderungen des Projektes und der Vertragsbeteiligten abgestimmt werden können. Gleichzeitig besteht die Gefahr, dass Lücken oder Interpretationsspielräume in diesen Verträgen zu Risiken führen, da einzelne Regelungen nicht wie bei allgemeingültigen Vertragsmustern bereits vielfach durch Gerichtsurteile in ihrer Geltung präzisiert wurden.

Vorgabe von
Bauverträgen durch
den Bauherrn
Viele Bauherren versenden mit den Ausschreibungsunterlagen auch bereits finalisierte Bauverträge, sodass diese vom Bieter nur bedingt durch Änderungswünsche an den Bauherrn beeinflussbar sind. Dies hat den Vorteil, dass die Bieter bereits beim Erstellen der Kalkulation über alle Rahmenbedingungen informiert sind. Nachteilig kann sich jedoch auswirken, dass dann Bieter aufgrund für sie nicht akzeptabler Klauseln im Vertrag kein Angebot abgeben, auch wenn diese Klauseln aus der Sicht des Bauherrn gegebenenfalls verhandelbar gewesen wären.

Mitwirkung der Bieter
Eine andere Vorgehensweise besteht darin, Verträge direkt mit dem oder den präferierten Bietern auszuhandeln. Es können Vertragsmuster als Verhandlungsbasis zur Ausschreibung mitgeschickt werden, oder der Vertrag wird im Rahmen einer Vergabeverhandlung nach Vorlage der Angebote individuell ausgehandelt. Dies hat den Vorteil, dass beide Vertragsparteien ihre Ansichten und Bedingungen aufeinander abstimmen können. Allerdings sind dadurch die Angebote nur bedingt verbindlich,

---

○ **Hinweis:** Als allgemeine Geschäftsbedingungen (AGB) bezeichnet man Vertragsregelungen, die als Geschäftsgrundsätze eines Vertragspartners aufgestellt wurden und sich nicht nur auf ein einzelnes Projekt beziehen. AGB müssen je nach Gesetzeslage im Land spezifischen Bedingungen genügen. So dürfen z. B. in Deutschland AGB nicht so formuliert sein, dass einer Vertragspartei ein außergewöhnliches Risiko übertragen wird.

da das Bauunternehmen die bauvertraglichen Regelungen bei der Kalkulation noch nicht berücksichtigen konnte.

Die jeweils sinnvolle Vorgehensweise ergibt sich daraus, ob der Bauherr diese Bedingungen überhaupt verhandeln möchte oder darf und inwieweit der Bauherr Risiken auf das Bauunternehmen übertragen bzw. diese fair mit ihm ausverhandeln möchte.

Umgang mit Vertragsrisiken

Erfolgt als Vorgabe eine einseitige Risikoübertragung auf das Bauunternehmen, so kann es in Zeiten guter Marktlagen sein, dass Bauunternehmen von einem Angebot absehen bzw. die Risiken in den Angebotspreis mit deutlichen Zuschlägen einkalkulieren. Auf der anderen Seite kann dies für den Bauherrn die bessere Alternative sein, wenn etwa fixierte Budgets nicht überschritten werden dürfen.

Grundsätzlich ist es für den Bauherrn sinnvoll, Risikoübertragungen mit Augenmaß durchzuführen. In einigen Ländern (u. a. in Deutschland) ist es sogar aufgrund der Gesetzeslage nicht möglich, unverhältnismäßige Risiken zu übertragen. Hier gilt der Grundsatz: Wer die Planung bzw. Detaillierung eines Prozesses übernimmt, sollte auch das Risiko für diesen Prozess tragen. Somit wird gewährleistet, dass derjenige Vertragspartner, der für die Gestaltung eines Prozesses zuständig ist und die beste Detailkenntnis darüber hat, auch für dessen Richtigkeit einstehen muss. Andere Staaten wie das Vereinigte Königreich sehen einen solchen Schutz nur für Privatpersonen vor; bei Verträgen zwischen Marktteilnehmern gilt ausschließlich der Vertragstext, sodass Risiken auch vollständig übertragen werden können.

Eine bewusste Klarstellung der jeweiligen Risiken sollte auf jeden Fall im Rahmen der Vertragsgestaltung durchgeführt werden.

WEGE ZUM BAUVERTRAG

Vor Abschluss eines Bauvertrags muss in der Regel ein Vergabeverfahren durchlaufen werden, um ausreichend vergleichbare Angebote zu erhalten und den besten Bieter auswählen zu können. Für öffentliche Auftraggeber gibt es meist verbindliche Vorgaben und Abläufe, wie eine Vergabe zu erfolgen hat. Private Bauherren können hier frei agieren, wobei auch sie in der Regel eine ähnliche, wenn auch nicht reglementierte Vorgehensweise wählen. > Abb. 27

Voraussetzung eines Vergabeverfahrens ist die Zusammenstellung aller bauherrenseitigen Unterlagen zu einer Ausschreibung. Hierzu gehören üblicherweise als Mindestanforderung folgende Unterlagen:

Erstellung von Ausschreibungen

— Anschreiben
— Vertragsbedingungen, gegebenenfalls Vertragsmuster
— Vorbemerkungen/Beschreibung der Rahmenbedingungen
— Leistungsbeschreibung
— Planunterlagen
— Gutachten

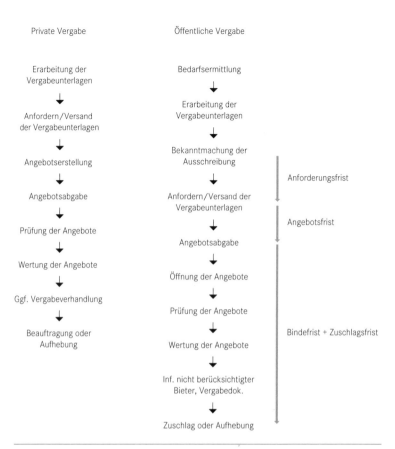

Private Vergabe	Öffentliche Vergabe	
Erarbeitung der Vergabeunterlagen	Bedarfsermittlung	
↓	↓	
Anfordern/Versand der Vergabeunterlagen	Erarbeitung der Vergabeunterlagen	
↓	↓	
Angebotserstellung	Bekanntmachung der Ausschreibung	
↓	↓	Anforderungsfrist
Angebotsabgabe	Anfordern/Versand der Vergabeunterlagen	
↓	↓	Angebotsfrist
Prüfung der Angebote	Angebotsabgabe	
↓	↓	
Wertung der Angebote	Öffnung der Angebote	
↓	↓	
Ggf. Vergabeverhandlung	Prüfung der Angebote	
↓	↓	
Beauftragung oder Aufhebung	Wertung der Angebote	Bindefrist + Zuschlagsfrist
	↓	
	Inf. nicht berücksichtigter Bieter, Vergabedok.	
	↓	
	Zuschlag oder Aufhebung	

Abb. 27: Typischer Ablauf eines privaten und öffentlichen Vergabeverfahrens

Ziel der Zusammenstellung ist es, alle für die Bauausführung direkt und indirekt notwendigen Informationen und Leistungen darzustellen und damit alle Bieter in die Lage zu versetzen, vergleichbare Angebote zu erstellen.

Bekanntmachung Bei öffentlichen Auftraggebern müssen vorab gegebenenfalls Bekanntmachungen veröffentlicht werden, die auf die kommende Ausschreibung hinweisen. Wird die Ausschreibung direkt veröffentlicht, so muss sie möglichst viele potenzielle Bieter erreichen können. Auch bei privatwirtschaftlichen Vergaben sollten Bieter notfalls vorab informiert bzw. angefragt werden.

Versand der Unterlagen Je nach Verfahren wird die Ausschreibung über Online-Portale veröffentlicht oder postalisch versandt. Gegebenenfalls wird vorab eine Frist gesetzt, in der sich die Bauunternehmen um die Teilnahme bewerben können. Wichtig ist, dass allen Bietern die Informationen zur gleichen Zeit zur Verfügung stehen, um keine Vor- oder Nachteile zu generieren.

Den Bauunternehmen wird eine Frist mitgeteilt, innerhalb derer die Angebote zu bearbeiten sind. Die Bearbeitungszeit sollte nicht zu knapp bemessen sein, damit die Bieter die Möglichkeit haben, sich fundiert mit den Ausschreibungsunterlagen zu beschäftigen. Diese Bearbeitungszeit sollte grundsätzlich nicht unter zwei Wochen liegen; bei größeren oder komplexeren Projekten, bei denen die Bieter etwa Nachunternehmer oder besondere Materialpreise anfragen müssen, sollten mindestens vier Wochen eingeräumt werden. Angebotsfrist

Die Angebotsfrist endet mit der Abgabe der Angebote und dem Submissionstermin, bei dem die bis dahin verschlossenen Angebote geöffnet werden. Bei öffentlichen Auftraggebern erfolgt dies nach festgelegten Prozeduren, um mögliche Einflussnahmen zu verhindern. Bei privaten Bauherren ist abzustimmen, ob die Angebote beim Bauherrn oder direkt beim betreuenden Architekten eingereicht werden sollen. Submission

Die geöffneten Angebote müssen dann geprüft und ausgewertet werden. Typische Prüfungsinhalte sind: Wertung der Angebote

— Vollständigkeit des Angebots
— Einschränkungen oder Hinweise der Bieter
— Prüfung auf Rechenfehler
— Angemessenheit der Preise
— Leistungsfähigkeit der Bieter
— Vergleich der Bieter

Auf Basis der Angebotswertung wird ein Vergabevorschlag erarbeitet und dem Bauherrn übergeben.

Je nach Art des Auftraggebers bzw. nach Notwendigkeit werden anschließend Bauunternehmen direkt beauftragt oder Aufklärungsgespräche bzw. Vergabeverhandlungen durchgeführt. Da öffentliche Auftraggeber meist nicht mehr über den Preis verhandeln dürfen, werden Bauunternehmen oftmals direkt beauftragt. Bei Unklarheiten können Aufklärungsgespräche durchgeführt werden. Private Bauherren laden den oder die Erstbietenden oftmals noch zu Vergabeverhandlungen ein, in denen über den Preis, den Vertrag, die Vertragsinhalte, Ausführungstermine etc. verhandelt wird. Die Vergabeverhandlungen dienen dazu, die möglichen Vertragspartner kennenzulernen und den Vertrag gegebenenfalls noch einmal auf den Bauherrn abzustimmen. > Kap. Durchführung von Bauverträgen, Zielrichtungen und Grundsätze Vergabeverhandlung

Ist der Bieter gefunden, der die Bauleistungen ausführen soll, so muss mit dem Bauunternehmen der Bauvertrag geschlossen werden. Bei öffentlichen Auftraggebern werden die Bedingungen des Vertrags teilweise bereits fixiert mit der Ausschreibung versendet, sodass lediglich ein Zuschlag, also ein Beauftragungsschreiben, an das Bauunternehmen versendet wird. Im Regelfall wird jedoch von beiden Vertragsparteien der vorgegebene oder in der Vertragsverhandlung finalisierte Vertrag unterschrieben. Auftrag

Hinterlegen von Urkalkulation und Bürgschaft

Erhält ein Bauunternehmen den Zuschlag bzw. wird der Bauvertrag unterzeichnet, so muss das Bauunternehmen dem Auftraggeber in der Regel weitere Unterlagen übergeben. Hierzu gehören Unbedenklichkeitsbescheinigungen, die verschlossene Urkalkulation oder Bürgschaften. > Kap. Bauvertragliche Regelungen, Sicherheiten Die Urkalkulation wird verschlossen hinterlegt, um die Kalkulation zum Angebotszeitraum zu dokumentieren. Sie wird im Fall von Nachtragsforderungen als Grundlage herangezogen.

BAUBEGLEITENDE MASSNAHMEN

Nach Vertragsschluss führt das Bauunternehmen seine Vorarbeiten wie z. B. Planungsleistungen, Materialbestellung, Arbeitsvorbereitung, Kapazitätsplanung etc. durch und beginnt dann mit der Bauausführung. Während der Bauausführung muss die regel- und vertragskonforme Umsetzung der Vertragsinhalte überprüft und gegebenenfalls eingefordert werden. Hierzu gehören verschiedene Abläufe und Arbeitsebenen. > Abb. 28 und 29

Koordination der Arbeiten

Bei Fachlosvergaben mit mehreren Vergabeeinheiten muss die bauherrenseitige Bauleitung die Bauunternehmen koordinieren. > Kap. Vertragsarten, Einzelvergabe von Handwerksleistungen Hierzu wird ein Koordinierungsterminplan aufgestellt, und es finden in regelmäßigen Abständen Baubesprechungen statt.

■

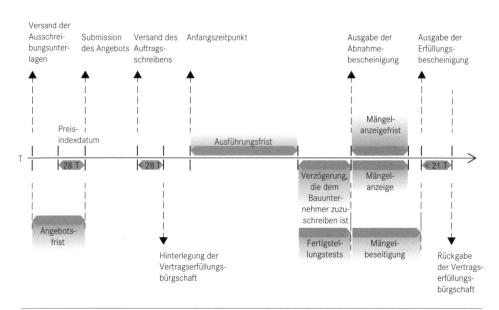

Abb. 28: Typischer Ablauf des Bauverlaufs nach FIDIC

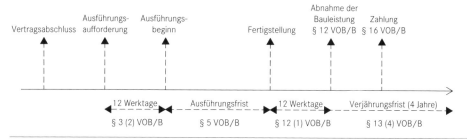

Abb. 29: Typischer Ablauf des Bauverlaufs nach VOB/B

Eine wichtige Aufgabe besteht in der Kontrolle der Ausführungsqualität. Die Bauausführung muss den vertraglichen Anforderungen wie der Leistungsbeschreibung, den Planunterlagen und den Gutachten entsprechen. Aus diesen ergeben sich konkrete Angaben und Qualitätsbeschreibungen, die eingehalten werden müssen. Darüber hinaus werden durch Verweise auf allgemeine Standards wie Vorschriften, Normen, Hersteller- und Einbaurichtlinien etc. indirekt Vorgaben gemacht, die ebenfalls einzuhalten sind. Diese allgemein anerkannten Regeln der Technik bilden das Fundament für die Qualitätssicherung der Bauleistung, auf deren Basis nur noch spezifische Anforderungen explizit ausgeschrieben werden müssen. > Kap. Vertragsbestandteile Gleichwohl ist es einfacher, konkrete Leistungsbeschreibungselemente während der Bauausführung zu kontrollieren als die allgemeinen Standards, da man hierbei ein umfangreiches Hintergrundwissen darüber braucht, welche Qualitäten im Rahmen der allgemein anerkannten Regeln der Technik von den Bauunternehmen zu leisten sind.

Die in den Kapiteln Vergütung und Zahlung benannten Vertragsbedingungen sind ebenfalls eine wesentliche Aufgabe der Bauleitung. Neben der Rechnungsprüfung durch den bauleitenden Architekten und der Zahlung durch den Bauherrn müssen von der Bauleitung auch Kostenfortschreibungen erstellt werden, damit der Bauherr den Kostenstand seines Projektes überblicken kann. Zu jeder Rechnung erstellt die Bauleitung nach Prüfung ein Rechnungsprüfungsblatt, aus dem der bisherige Leistungs- und Vergütungsstand sowie alle sonstigen Konditionen wie

Überprüfen der Qualität

Rechnung und Zahlung

> ■ **Tipp:** Die Tätigkeiten in der Bauleitung werden ausführlich in *Basics Bauleitung* von Lars-Phillip Rusch beschrieben. Die Terminplanung ist Thema des Bands *Basics Terminplanung* von Bert Bielefeld.

Nachlässe, Skonti und Einbehalte zu erkennen sind. > Abb. 30 Unter Einbeziehung aller Gewerke muss in regelmäßigen Abständen eine Kostenübersicht erstellt werden, damit der Bauherr bei eventuellen Abweichungen vom Budget steuernd eingreifen kann.

Rechnungsprüfung
(kumulative Rechnungsprüfung)   3. AZ Fa. Musterbau

B. H.	Bauherr XY	BT:	
B. V.	z.B. Abbrucharbeiten		
Auftr. Nr.:	350172850	Projekt-Nr. : D-45-0776	Kostenstelle: XY
Titel:		Nr.:	AN: Fa. Musterbau
Eingangsdatum:	07.02.2018	Rechnungsdatum: 02.02.2018	Rechnungsnr.: XY-41-8542

Prüffähig? [X] Ja [ ] Nein   Grund:

[ ] Prüffähig ab Datum/Grund:

		ohne MwSt. €	MwSt. 19 % €	mit MwSt. €
1. Betrag ungeprüft		200.000,00		
2. Betrag geprüft vor Abzug der Nachlässe		200.000,00		
3. Nachlässe	3.00 %	6.000,00		
4. Wert der Leistung		194.000,00		
5. Sicherheitseinbehalt	[ ] 5% [X] 10% (-)	19.400,00		
6. Betrag		174.600,00		
7. Wert der bisherigen Zahlung (en)	(-)	120.000,00		
8. Betrag		54.600,00		
9. Abzüge / Belastungen gem. Anlage	(-)			
10. Betrag (Wert der Zahlung)		54.600,00		
11. Skonto	0.00 %			
12. auszuzahlender Betrag		54.600,00	10.374,00	64.974,00

Bemerkungen:

Die in Rechnung gestellte Summe ist durch den Stand der ausgeführten Arbeiten gedeckt.

Sachlich	geprüft:	
Rechnerisch	geprüft:	
Zur Zahlung	freigegeben:	

Abb. 30: Typisches Rechnungsprüfungsblatt

Nach Fertigstellung der Bauarbeiten bzw. abgeschlossener Teile davon kann das Bauunternehmen eine Abnahme bzw. Teilabnahme verlangen. Mit der Abnahme einer Leistung bestätigt der Bauherr sein grundsätzliches Einverständnis und die Mangelfreiheit in wesentlichen Teilen der Leistung. Meist wird im Bauvertrag bereits festgeschrieben, wie die Abnahme zu erfolgen hat. > Kap. Bauvertragliche Regelungen, Abnahme

Abnahmen

Daher sind die Maßnahmen, die die Bauleitung ergreifen muss, anhand der bauvertraglichen Regelung zu erkennen. Bei einer förmlichen Abnahme führt die Bauleitung die technische Prüfung der Bauleistung durch und stimmt die Bewertung in einer gemeinsamen Begehung mit dem Bauherrn sowie dem Bauunternehmen ab. Juristisch betrachtet führt der Bauherr die Abnahme der Bauleistung durch; die Bauleitung versetzt den Bauherrn durch entsprechende Zuarbeit nur in die Lage, die Leistung auch ohne fundierte Baukenntnisse zu bewerten.

Mit der Abnahme treten einige Rechtsfolgen ein. So endet das Erfüllungsstadium, und der Zeitraum der Gewährleistung beginnt. Das Bauunternehmen ist nach der Abnahme somit nicht mehr verpflichtet, zusätzliche Arbeiten zu den Vertragspreisen durchzuführen. Gleichzeitig geht mit der Abnahme das Risiko z. B. von Beschädigungen an den Bauherrn über, sodass es gerade bei empfindlichen Bauteilen wie Fenstern und Türen im Interesse des Bauunternehmens ist, möglichst schnell eine Abnahme zu erhalten. Daher werden gegebenenfalls Teilabnahmen oder sogenannte Sichtabnahmen eingefordert, in denen die eingebauten Bauteile gemeinsam begangen und begutachtet werden.

Sind bei der Abnahme noch Mängel zu erkennen oder treten diese in der Gewährleistungszeit aufgrund von Fehlern des Bauunternehmens auf, so muss das Bauunternehmen diese beheben. Im Rahmen der Abnahme ist es daher wichtig, alle erkennbaren Mängel in einer Liste exakt mit einer Fristsetzung zur Beseitigung aufzunehmen, um die Ansprüche gegenüber dem Bauunternehmen nicht zu verlieren. Die Bauleitung muss darüber hinaus die Mängelbeseitigung koordinieren und überwachen. Nach der Behebung der Mängel meldet das Bauunternehmen in der Regel die Mängel frei.

Mängelbeseitigung

Je nach vertraglicher Regelung sind auch in der Gewährleistungszeit noch weitere Arbeiten durchzuführen. Dies kann beispielsweise ein Inbetriebnahmezeitraum sein, in dem der Bauherr bzw. der Nutzer des Gebäudes zusammen mit dem Bauunternehmen die Einregulierung und Wartung der Anlagen vornimmt. Bei komplexen Anlagen kann auch vereinbart werden, dass das Bauunternehmen zunächst die Anlagen in Betrieb nimmt und eine Zeit lang betreibt, bevor der Bauherr eine funktionierende und einregulierte Anlage übernimmt.

Gewährleistungszeit

Sind im Bauvertrag keine weiteren Leistungen oder Leistungsgarantien nach Abnahme vorgesehen, so beschränkt sich die Mitwirkung auf die Beseitigung auftretender Mängel, die auf eine mangelhafte Leistung in der Bauzeit zurückzuführen sind.

Während der Gewährleistungszeit muss das Bauunternehmen je nach Vertragsregelung Sicherheiten in Form von Einbehalten oder Bürgschaften geben, damit die Beseitigung auftretender Mängel aus der Sicht des Bauherrn finanziell abgesichert ist. > Kap. Bauvertragliche Regelungen, Sicherheiten Nach Ablauf der Gewährleistungszeit werden diese Sicherheiten dem Bauunternehmen zurückgegeben.

DOKUMENTATION

Alle wesentlichen Schritte des Planungs- und Bauprozesses sowie das finale Ergebnis müssen dokumentiert werden.

Dies dient der Transparenz des Prozesses für alle Beteiligten und der Information des Bauherrn. So möchte der Bauherr bzw. dessen Projektleitung meist regelmäßig über den Projektfortschritt und eventuelle Probleme informiert werden, um noch im Prozess Entscheidungen treffen und gegebenenfalls die Projektziele neu formulieren zu können.

Andererseits dient die Dokumentation auch der Absicherung gegenüber zukünftigen Ansprüchen einer Vertragspartei. So kann es vorkommen, dass im Laufe eines Projektes Unstimmigkeiten z. B. über die Ausführungsqualitäten, Zahlungen oder Ähnliches entstehen, die in letzter Konsequenz von Gerichten entschieden werden müssen. Für einen solchen Fall ist es notwendig, sich über entsprechende Dokumentationen eine gute Ausgangsbasis gegenüber unangemessenen Ansprüchen zu schaffen.

Grundsätzlich unterscheidet man in verschiedene Dokumentationen:

— Dokumentationen im Bereich Projektmanagement
— Dokumentationen im Planungsprozess
— Dokumentationen der Bauleitung während der Bauphase
— Dokumentationen des Bauunternehmens während der Bauphase
— Abschlussdokumentation des Projektes

Unter dem Blickwinkel des Bauvertrags sind insbesondere die letzten drei Punkte wichtig. Während der Bauphase dokumentieren sowohl die Bauleitung als auch das Bauunternehmen jeweils für sich selbst den Bauprozess. Die bauherrenseitige Bauleitung überwacht und dokumentiert beispielsweise den Baufortschritt in einem Bautagebuch, die Koordination der Bauunternehmen z. B. in Baustellenbesprechungen, den Schriftverkehr mit den Vertragspartnern des Bauherrn, die Veränderungen im Kostenbudget oder die Ausführungsqualitäten in Mängellisten oder durch Gutachter. Das Bauunternehmen führt Bautagesberichte über die täglichen Arbeiten und Vorkommnisse, nimmt Mengenaufmaße oder schreibt die Auftragskalkulation fort. Welche dieser Unterlagen dem anderen Vertragspartner zur Verfügung gestellt werden, ist normalerweise im Bauvertrag geregelt. So wird in vielen Bauverträgen das Bauunternehmen verpflichtet, in regelmäßigen Abständen die Bautagesberichte bzw. -wochenberichte zu übergeben. Ebenso werden Generalunternehmen oft verpflichtet, dem Bauherrn z. B. monatlich eine Fortschreibung der Bauzeitenplanung zu übergeben.

Meistens wird im Bauvertrag auch geregelt, was das Bauunternehmen zur Abnahme als Abschlussdokumentation übergeben muss. Hierzu gehören alle Unterlagen, die zum Nachweis der Qualität und zur weitergehenden Nutzung notwendig sind. Qualitätsnachweise können beispielsweise durch Fachunternehmerbescheinigungen über die korrekte Ausführung, gutachterliche Stellungnahmen oder eine „as built"-Planung, die den gebauten Ist-Zustand darstellt, erfolgen.

Abschlussdokumentation des Bauunternehmens

Für sämtliche technischen Bauteile und Anlagen müssen Bedienungsanleitungen, Pflege- und Wartungsanleitungen und die Produktspezifikationen zusammengestellt werden, damit der Bauherr sein Gebäude kompetent betreiben kann. Zur Übergabe des Objekts sind daher auch Einweisungen durchzuführen, in denen späteren Nutzern beispielsweise die Bedienung von Lüftungsanlagen oder die Gebäudeautomation erklärt wird.

Je nach Projektgröße und Professionalisierungsgrad des Bauherrn werden bereits im Bauvertrag präzise Vorgaben gemacht, welche Unterlagen zu einer Abschlussdokumentation gehören und wie sie aufzubereiten sind.

Auch die bauherrenseitige Bauleitung verfasst eine Abschlussdokumentation, die dem Bauherrn übergeben wird. Sie basiert im Wesentlichen auf den Unterlagen der einzelnen am Projekt beteiligten Bauunternehmen. Hinzu kommen die Schlussberichte oder Zusammenstellungen der Dokumentationen in der Bauphase. Eine umfassende Projektdokumentation kann beispielsweise folgende Inhalte umfassen:

Abschlussdokumentation der Bauleitung

— Geschlossene Bauverträge
— Änderungen, Anweisungen
— Vergütungen, Zahlungen
— Nachträge
— Terminlage
— Schriftverkehr, Protokolle
— Mängellisten und Freimeldungen
— Abnahmeprotokolle
— Fotodokumentation
— Gewährleistungszeiten
— Sicherheiten

Am Ende eines Bauprozesses besteht ein nicht unerheblicher Aufwand für die Bauleitung darin, alle Dokumentationsunterlagen der ausführenden Bauunternehmen einzufordern und zusammenzustellen, da der Umfang der Dokumentationen deutlich zunimmt. Dies liegt bei größeren Gebäuden auch daran, dass sie immer stärker technisiert und automatisiert sind und Bauherren ihre Gebäude durch ein professionelles Facility Management immer effizienter betreiben möchten.

Schlusswort

Bauverträge sind ein wichtiger Bestandteil des Arbeitsumfeldes von Architekten und Ingenieuren, da sich alle entwerfenden Tätigkeiten in der Regel auch in einem realisierten Gebäude materialisieren sollen. Das Zusammenspiel zwischen planenden und ausführenden Berufen ist essenziell für das Gelingen eines Projektes. Schlussendlich geht es immer auch um klare Projektziele wie Budgets und Fertigstellungstermine.

Um erfolgreich Projekte von der ersten Entwurfsidee bis zur Fertigstellung begleiten zu können, ist es für Architekten und Ingenieure wichtig, die Spielregeln zur Errichtung von Gebäuden zu verstehen und sinnvoll zu gestalten. Bei vielen Projekten werden vorgefertigte Vertragsmuster als Basis der Beauftragung von Bauunternehmen herangezogen. Dies ersetzt jedoch nicht das Verständnis für die Regelungsmechanismen und die Möglichkeiten, wie Leistungen beschrieben und als verbindliche Vorgabe für die Umsetzung definiert werden können.

Im Anhang werden typische Vertragsmuster aufgelistet. Das vorliegende Buch beschränkt sich jedoch bewusst auf die allgemeingültigen Regelungsmechanismen, um bei angehenden Architekten ein Bewusstsein dafür zu entwickeln und sie nicht zu reinen Anwendern vorgefertigter Vertragstexte zu machen. Das genaue Formulieren von Bauvertragstexten bzw. das Anpassen von Bauvertragsmustern wird in der Regel von Juristen übernommen; die übergeordnete Koordination und das Steuern des Prozesses obliegen aber den Architekten. Auch bei anderen beteiligten Fachdisziplinen wie Tragwerksplanung, Bauphysik oder der technischen Gebäudeausrüstung kommt es darauf an, dass Architekten die jeweiligen Fachdisziplinen inhaltlich verstehen und steuern können, auch wenn sie die eigentliche Leistung gegebenenfalls nicht selbst erbringen könnten. Mit dieser Intention soll der vorliegende „Basics"-Band den Leser in die Lage versetzen, mit Juristen gemeinsam Bauverträge zu gestalten und erfolgreiche Projekte umzusetzen.

VERTRAGSMUSTER

Im Folgenden werden einige Vertragsmuster aufgelistet, die länder-
spezifisch oder weltweit als Standard genutzt werden.

Bauvertragsmuster	Geltungsbereich
FIDIC	International
NEC3 / ECC	Vereinigtes Königreich / international
CPC 2013	Vereinigtes Königreich / international
ECE	Vereinigtes Königreich / international
AIA	USA
Orgalime	Anlagenbau (international)
VOB / B	Deutschland
Ö-Norm B2110	Österreich
SIA-Norm 118	Schweiz
CCAG travaux	Frankreich (öffentlich)
NF P 03-001	Frankreich (privatwirtschaftlich)

LITERATUR

John Adriaanse: *Construction Contract Law*, Kindle Edition, Palgrave, London/New York 2016

Ellis Baker, Ben Mellors, Scott Chalmers, Anthony Lavers: *FIDIC Contracts – Law and Practice*, Informa, London 2013

Bert Bielefeld (Hrsg.): *Basics Projektmanagement Architektur*, Birkhäuser Verlag, Basel 2013

Bert Bielefeld: *Basics Terminplanung*, Birkhäuser Verlag, Basel 2007

Bert Bielefeld, Roland Schneider: *Basics Kostenplanung*, Birkhäuser Verlag, Basel 2007

Tim Brandt, Sebastian Franssen: *Basics Ausschreibung*, Birkhäuser Verlag, Basel 2007

DIN e.V., DVA (Hrsg.): *Vergabe- und Vertragsordnung für Bauleistungen*, Beuth Verlag, Berlin 2016

Klaus Eschenbruch: *Bauvertragsmanagement*, Werner Verlag, Köln 2017

Heinz Ingenstau, Hermann Korbion, Stefan Leupertz, Mark von Wietersheim (Hrsg.): *VOB – Teile A und B*, Werner Verlag, Köln 2017

Klaus Dieter Kapellmann, Karl-Heinz Schiffers, Jochen Markus: *Vergütung, Nachträge und Behinderungsfolgen beim Bauvertrag*, Werner Verlag, Köln 2017

Lukas Klee: *International Construction Contract Law*, Wiley Blackwell, Chichester 2014

Hartmut Klein: *Projektplanung*, Birkhäuser Verlag, Basel 2007

Ralf Leinemann (Hrsg.): *Die Vergabe öffentlicher Aufträge*, Bundesanzeiger Verlag, Köln 2016

Jim Mason: *Construction Law – From Beginner to Practitioner*, Routledge, Abingdon/New York 2016

Lars-Philipp Rusch: *Basics Bauleitung*, Birkhäuser Verlag, Basel 2013

Nikolaus Weselik, Thomas Hamerl (Hrsg.): *Handbuch des internationalen Bauvertrags*, Linde Verlagsgesellschaft, Wien 2015

Falk Würfele, Mike Gralla, Matthias Sundermeier (Hrsg.): *Nachtragsmanagement: Leistungsbeschreibung – Leistungsabweichung – Bauverzögerung*, Werner Verlag, Köln 2012

Basics Glasbau
Andreas Achilles, Diane
Navratil
ISBN 978-3-7643-8850-8

Basics Stahlbau
Katrin Hanses
ISBN 978-3-0356-0364-4

Als Kompendium erschienen:
Basics Baukonstruktion
Bert Bielefeld (Hrsg.)
ISBN 978-3-0356-0371-2

Berufspraxis
Basics Ausschreibung
T. Brandt, S. Th. Franssen
ISBN 978-3-03821-518-9

Basics Kostenplanung
Bert Bielefeld,
Roland Schneider
ISBN 978-3-03821-530-1

Basics Projektplanung
Hartmut Klein
ISBN 978-3-7643-8468-5

Basics Bauleitung
Lars-Phillip Rusch
ISBN 978-3-03821-519-6

Basics Terminplanung
Bert Bielefeld
ISBN 978-3-0356-1627-9

Als Kompendium erschienen:
Basics Projektmanagement
Architektur
Bert Bielefeld (Hrsg.)
ISBN 978-3-03821-461-8

Städtebau
Basics Stadtbausteine
Th. Bürklin, M. Peterek
ISBN 978-3-0356-1002-4

Basics Stadtanalyse
Gerrit Schwalbach
ISBN: 978-3-7643-8937-6

Bauphysik und Haustechnik
Basics Raumkonditionierung
Oliver Klein, Jörg Schlenger
ISBN 978-3-0356-1661-3

Basics Wasserkreislauf im Gebäude
Doris Haas-Arndt
ISBN 978-3-0356-0565-5

Basics Elektroplanung
Peter Wotschke
ISBN 978-3-0356-0931-8

Basics Lichtplanung
Roman Skowranek
ISBN 978-3-0356-0929-5

Als Kompendium erschienen:
Basics Gebäudetechnik
Bert Bielefeld (Hrsg.)
ISBN 978-3-0356-0927-1

Landschaftsarchitektur
Basics Entwurfselement Pflanze
Regine Ellen Wöhrle,
Hans-Jörg Wöhrle
ISBN 978-3-7643-8657-3

Basics Entwurfselement Wasser
Axel Lohrer, Cornelia Bott
ISBN 978-3-7643-8660-3

Erhältlich im Buchhandel oder unter
www.birkhauser.com

Reihenherausgeber: Bert Bielefeld
Konzept: Bert Bielefeld, Annette Gref
Lektorat: Sarah Schwarz
Projektmanagement: Silke Martini
Layout und Covergestaltung: Andreas Hidber
Satz: Sven Schrape
Herstellung: Amelie Solbrig

Papier: PlanoPlus, 120 g/m²
Druck: Hubert & Co GmbH & Co. KG

Library of Congress Control Number:
2018939218

Bibliografische Information der Deutschen
Nationalbibliothek
Die Deutsche Nationalbibliothek verzeichnet
diese Publikation in der Deutschen Nationalbib-
liografie; detaillierte bibliografische Daten sind
im Internet über http://dnb.dnb.de abrufbar.

ISBN 978-3-0356-1562-3
e-ISBN (PDF) 978-3-0356-1589-0
e-ISBN (EPUB) 978-3-0356-1587-6
Englisch Print-ISBN 978-3-1602-6

© 2018 Birkhäuser Verlag GmbH, Basel
Postfach 44, 4009 Basel, Schweiz
Ein Unternehmen der Walter de Gruyter GmbH,
Berlin/Boston

9 8 7 6 5 4 3 2 1
www.birkhauser.com